海天佛國

普陀山

觀音心‧人間修行

觀音心法在人間
人間菩薩在身邊
人生修行遇阻礙
不忘初心菩薩在

下

暢銷作家 黃子容 著

觀音心法～觀音心，人間修行全紀錄

黃子容

在下冊中，內容全部著重在記錄第四次的普陀山學習之行，學習的內容全部都著重在菩薩所教授的觀音心法中。

從第一天晚上的自我懺悔功課，讓我們有機會靜心下來反省自己的一生，回想自己在這一生當中有沒有做錯了？希望去回顧過往所發生的事情，做一個懺悔與清理的過程。這是最讓我們印象深刻的行前功課，在出發去洛迦山之前所必須要做的功課。

到了洛迦山之後，是我們要跪拜上山的功課，懺悔過去所作諸惡業，請求菩薩能夠在我們反省之後，願意給我們清理業障的機會。此書文章後方，會有個單獨的篇章，說明清理業障的方法，大家如果有機會，也可以一起這樣做。

在洛迦山上跪拜懺悔時傾盆大雨，磕頭跪拜，雨水與淚水齊下，這是我們對自己的清理。雨水洗去了我們的淚，內省清理了我們自己的誤與罪。

而菩薩在飯店以及海邊也幫我們上了課，有著不同的體悟與學習，有著菩薩全程的陪伴。

一出發時，就有同學用手機拍到觀世音菩薩與韋馱菩薩，而整個學習過程中，菩薩也都一直陪伴著我們。

全書記錄著「觀音心法」的內容，大家雖未能跟我們一同前往，但也希望此書的內容對大家都有幫助，有機會也可以跟著一起學習，不論你是否在普陀山，我想此書的內容，不用到普陀山，大家也可以跟著一起學習。

此書還有一個重點，就是在普陀山與菩薩對話，這是非常難得的，而且在這些與菩薩對話的紀錄當中，我們學習了更多。

將對話全部記錄到書中，期待大家能夠更加精進，努力學習，圓滿我們的人生，做好自己人生的功課，希望有一天可以跟著菩薩回家。

書中後面有著普陀山的照片紀錄，因篇幅有限，無法放入太多的照片，這些紀錄是希望可以讓沒去過普陀山，或是計劃未來要去普陀山的朋友們，提供一些訊息。

這是一套普陀山的全紀錄，記錄著我們這四次普陀山學習的過程，你看完了就彷彿跟著我們走了四趟的學習之旅，單一地點學習內容的紀錄，跟以往書籍書寫方式不同，用紀錄的方式讓大家身歷其境，想著同樣的課題，一起做相同的功課，希望這樣的全紀錄，可以帶給大家不同的感受，以及相同的學習內容。

謝謝大家一路的相伴，在這人生的學習過程中，有大家的相伴，可以讓自己的目標與想法變得更加堅定。

一直以為在完成第三次普陀山之行後，大約十年後才會再帶大家去普陀山，後來因為父親過世，我承諾菩薩要帶大家一起到普陀山學習「觀音心法」，我想，這也是我父親牽起的緣分，我很感謝菩薩給予我們這樣的機會，也非常感謝我的父親給予我再去普陀山的念想。

此書送給所有想要精進的朋友，期待我們未來都有著與以往不同的人生，也希望我們都努力改變自己的生活，讓自己的未來，成為更好的自己。

自序

觀音心，人間修行全紀錄

圖目錄

觀音心，人間修行全紀錄

觀音心法

【觀音心法概說緣由】

此次的普陀山之行成行的主要原因，是學習觀音心法，我們祈求菩薩給了我們學習觀音心法的機會。

觀音法門中有七部重要的經典，觀音心法不重在經文，我們是直接學習觀音心法，並不直接關注在經文，課程內容全部集中在大家的人生課題上。

所以，從一開始報名到成行，每一天、每一個時間點都會遇到很多的關卡，每個人身上可能都有不同的課題要學習，報名後是否能成行，都是一門功課。

佛的慈悲給予眾生學習的機會，這四天的學習行程當中，學習認識自己，學習對事物的看法，學習對事物及對自己的了解。

所以，學習觀音心法，很重要的一點是，你必須學會認識自己，才有辦法去面對你過去的人生，去了解到底發生了什麼事情，才會造就了現在的你。

觀音心法不強調經文，著重在「心」，所以，這次的學習在於認識自己，是為了要幫助你自己、反省自己、求懺悔。

所以，很重要的是要認識自己、幫助自己、反省自己，以及求懺悔，消除過去所做的諸惡行、諸惡心；不是只有惡行而已，可能還有一些惡心。

去除諸惡、奉善行，檢視自己的心，最重要的是放下貪瞋癡，真正地去面對你自己，然後要滅貪瞋癡。

觀音心法及觀心法門，強調的是「心」，強調的是「慈悲」，強調的是「體己他人」（體諒自己，體諒他人），並強調「感同身受」。所以，這次不教高深的經文及道理。

你會發現，每個人身上會有不同的課題，有人跟你不太一樣，這些都能體會及感受。所以，強調「心」，強調「慈悲」。

當你能夠覺察自己的一切，覺察發生在自己身上的一切，你就可以開始得自在身。

所以，「心」很重要，心能夠去感受，感受之後，去意識到對或錯，能夠反省你自己。

然後，能夠覺察到是非對錯，用你的念力、思考力，去完成行動；之後，因這個行動而能夠有後覺，你做了之後，便能夠覺察到這到底是對或不對，是不是能夠幫助到別人，是不是能夠利己、利他，這才是觀音心法的重點。

今天所做的一切都是由心開始，心裡面能夠感受到對錯。錯了，你會立即停止；對了，你會繼續向前行。

當下，你覺得是對的時候，你會繼續做，直到完成時，你卻未必會覺得你做的這件事情是對的，所以，事後你會有個「後覺」，就是要你去覺察你做的這件事到底對或不對？

因為有時候，在當下，你覺得你是對的，可是當做了之後，甚至是數個月之後，你才發現，所做的是錯的。

你有沒有能夠後覺，覺察到這件事情在你執行之後是錯誤的？

所以，我們要邊覺邊行走，邊走邊覺察到自己的對錯，然後能夠進行改變，才能夠變得更好。爾後，你在執行某件事的時候，就會是一個有智慧的執行。

人生是由很多的喜怒哀樂交織而成的，我們可能在小時候拉過某個人的頭髮，講過一句醜八怪，然後造成別人一輩子的陰影，我們無法回到當下的那個時間點，也不可能回到過去的那個時空，去執行懺悔的動作。

但我們可以進行懺悔，對於你曾經傷害過的某個人，那個人雖不在你身邊，但仍可對他進行深深的懺悔，並把過程寫下來，稟報菩薩。

接下來，從生活當中去檢視你自己，從人的行為警惕你自己。

你看見別人吵架，看見別人做了什麼事情，你能不能夠警惕你自己不再犯？不要犯了跟別人相同的錯誤？

你能夠檢視，就一定可以從行為當中覺察到所謂的「是是非非」，當你覺察到這些是是非非，那麼，你要不要說出來，告訴對方？你可以選擇說或不說。

說，有委婉的方式；不說，就放心裡，成為你警惕自己的課題。從你自己和別人的行為覺察到是是非非，進行修正，才能得到心法。

以上，就是觀音心法的概說，菩薩先簡單說明觀音心法概說的緣由。

【關關考試，考驗人心】

出發前，我們體驗了很多，測試了很多，共經過了三關的考試，以及一次的口試。

菩薩提到，為何要安排行前的三關筆試及最後的口試？因為其中有很多的道理及玄機，各位可能不是那麼地敏銳，而無法觀察到。

當在考第一關「為什麼要參加普陀山觀音法門之課程」的時候，大部分的人在第一關卡時寫了自己的感受。

第二、三關卡的時候，每個人的題目都不同，很多人的考題出現了文言文，百分之九十九都是文言文。

有些人看到了文言文，會立刻放棄；也有人輕忽了，所以只回答了一句話，認為菩薩能夠了解他所謂的精義，於是很有自信地寫了一句話來回覆題目，結果没過關，因為自己太過於有自信，而失去了機會。

菩薩在出題時，一直要大家以自身的生活經驗去回答。寫了長篇大論，或寫經文當中的道理、分析題目或釋義，都没有用，也就是有人寫了很多道理後，没有過關，因為說太多道理，這些並不是菩薩要的答案。

菩薩讓我們上觀音心法，並不是要每個人去唸《大悲咒》、去唸《般若波羅蜜多心經》、去唸《觀世音菩薩普門品》，不是認定唸得很好的就能過關，而是要強調「心」，佛法能不能進入到你的心裡面，能不能對你產生一些改變及幫助，要別人能感受到你的改變，那才是對的。

若你的旁人及家人都没有感受到你的改變，那麼，你就是没改變，因為他們是你生活中最直接相關的人。所以，我們只強調心法，不說道理，而是強調生活當中最重要的答案。

通過第一關之後，就會開始產生人與人之間的比較心，於是，有人就開始互相詢問對方有沒有過？為什麼沒過？想知道對方回覆的答案。

知道別人的答案有這麼重要嗎？若是別人要跟你分享，當然可以，菩薩回了一些話，把這些話拿來與別人分享，當然沒問題，但是不要起比較心。

再來的考驗，有人認為第一關過了，第二關也應該都會過，所以，就開始想著要跟誰住、跟誰同桌吃飯、跟誰同車……等。問這些相關問題的人，都被剔除在此行名單之列了，只要一問，就算沒過關了。

不起「比較心」是觀音心法中一個很重要的課題，因為更嚴格的考題是在生活中，那個考題才是真正持續進行的。只要一起「比較心」，通常就無法來這個道場跟菩薩學習。

一定有的人比較受到照顧，有的人比較需要自立自強，有的人則需要靠自己，需要堅定的意志力。

菩薩提到：「你今天會想要跟誰睡，想跟誰同一組，這樣的心態是要去玩？

還是要去學習？跟誰一組有這樣重要嗎？」所以，在第一關及第二關過程裡，只要問了這些問題就沒過了。

有的人過了第三關，卻自我放棄，例如有的人護照快過期了，他說：「來不及，沒時間換。」可是，通知那個人的時候差不多是啟程的六週之前，其實是有足夠的時可以換，但他回說不要，沒辦法換，那他真的想去嗎？我想，他的回應已經有給答案了，我知道他不能去的原因是自我放棄了。其實，護照有很多地方可以換，哪怕他是其他國籍，都一定有辦法可以換。

兩位香港的同學告訴我他們想參加普陀山行程，但我回他們說，我沒有辦法安排他們飛到寧波去跟我們會回，如果要去，除通過考試外，還需自行安排多一段機票，飛到台灣跟我們集合。

他們考試過了關，也飛到這兒與我們會合，所以，讓他們一起同行，也請台灣的同學多照顧這兩位香港的同學，畢竟，我們在語言上還是有一些隔閡的，我們的用語還是有差異的。

此外，行前我有告訴大家要日持《觀世音菩薩普門品》，菩薩告訴我說，有人就是沒有日持《觀世音菩薩普門品》。菩薩說，從公告要開始日持《觀世音菩薩普門品》後，如果有人沒做到日持的，只要有一天沒有做到的，請寫進懺悔文，不然一定沒辦法結業。

此外，有關葷素食的問題，到底需不需要堅持全程素食？其實都可以，無須作比較，這不用在意，這是自己的選擇，無關誰比較素心素行，如果是自己發心要吃素，就完成它。

有人到了第三關沒過，就開始起憎恨心了，就說以後再也不參加一年愛班了。

因為沒過關，所以不參加活動，也不買我的書，這跟我有什麼關係！因為你沒過關而遷怒在我身上，不來參加什麼活動都無所謂，這都是自己的人生功課。

假設今天你說很信菩薩，且所做的一切都是遵循菩薩道；今天就算我做了一件讓你無法認同的事，也不應讓你就此否定了菩薩。

黃子容是黃子容，跟菩薩無關，就算我做了什麼你不認同的事情，也不應讓你因此不相信觀世音菩薩，這是不相關的，為什麼要把這些連結在一起？所以我明白了，菩薩為何沒讓他通過，因為他有憎恨心，他有比較心，甚至會謾罵別人，還逼迫別人做他不想做的事情，所以，他不適合到普陀山來。這些都是菩薩的安排。

大家跟著菩薩學習多年，若用憤怒心來看待事情，用憎恨心來面對他人，只會證明你所學的都是假的。

生活當中，有太多考驗在測試著，你所學的都真的運用在生活中嗎？還是說一套做一套？

如果有願心，你不會輕易放棄。

如果有願行，你會全力以赴。

願心願力若已開啟，請不要輕易毀了自己曾經所學的，菩薩的每一句叮嚀與教導，請牢記在心，這才能不枉所學，不枉菩薩的心血。

前去普陀山不容易，不是旅行團，不是參訪團，前置準備過程很辛苦，考驗很多。

萬一口試沒過，我也不希望看見任何人憤怒或抱怨，因為一切都要靠自己努力，沒有任何人有一點點的特權。

最後一關功課是口試，我開了書單，共四本書（念轉運就轉17覺察生命的修行力、身歸靈心歸零、與菩薩對話4觀自在、悲運同體菩提心），讓大家花一週時間做行前複習，因為書中有放入有關普陀山學習課程的內容。此次到了普陀山，便不會再上之前的內容，而是一個全新的課程。

複習後，再一對一來進行最後一關的口試。

已經先通過三關筆試的人，我提醒他們：「要安靜、低調、不宣揚、靜靜的進行，不影響同學們，讓同學安心、繼續考試。」

口試前，有人將口試訊息傳出去，把群組考試的相關內容當作娛樂性質分享，導致有同學沒過三關，卻跟義工說他也要參加口試，我要傳出去的人自行退出群組！就是這麼的嚴格，要大家遵守規則。

沒有參加或是沒有過關的人，難免傷心或遺憾。如果連感同身受、守口不張揚都做不到，怎麼修觀音法門！

在口試期間，大家都非常緊張，也非常的煎熬。我提醒大家，要運用所讀完的書籍，不要死記，自己的理解是最重要的。

觀音心法最重要的學習，不是在任何經典之上，最重要的是那顆心的學習與感受。

口試開始，我替大家請求菩薩先給予考題，避免因為緊張而聽錯！

以下是大家要參加口試的題目內容：

★解釋身歸靈心歸零？如何面對生活中的困境？

★從心經中釋義，空為何？

★心經義法，歸於何？

★心經真意為何？如何講述？

★解釋心經之意？何為重大持心論？

★定的考驗，心如何定？何有堅定？從心經中何處可看出？

★解釋觀自在菩薩？菩薩在何處？

★觀自在菩薩，觀心有菩提，做生活解釋？

★五蘊皆空，如何空？

★空有五層次，空如何？生活中如何執行空？

★諸法空相，不生不滅，何為？如何不被生滅所動心？

★六塵為何？如何做到生活中之觀六塵？

★受想行識，如何解釋？心要如何做到？

★無意識界之解釋？如何做到？如何運用？看不見的真的存在嗎？

★無苦集滅道，無智亦無得，如何解釋？如何從生活中做到？

★解釋心無罣礙，如何才能得心？

★如何遠離顛倒夢想？生活中舉例之？

★何為阿耨多羅三藐三菩提？如何求得？

★何為大神咒？

★心經之咒，為何？

★何為八正道？

★三學六度為何？如何從生活中做起？

★十善有哪十善？

★善與惡之別？何為善？何為惡？

★心空無，如何解釋？

★妄與空，如何而定？如何戒妄？戒空？

★心歸心，如何歸心？

★歸本心性，從何為之？

★歸心歸神歸性，如何歸於本心本性？

★本質不變的重要，從生活中舉例與檢視自我。
★如何證得佛果？
★如何了脫生死，歸於無常，接受無常？舉生活例。
★如何發心恭敬禮拜？普門品真意為何？
★菩薩為何名為觀世音？如何觀世間音而救其苦？
★菩薩聞聲救苦，為何？
★慈悲靈感觀世音，以種種形，度化眾生，何有感應？
★何為施無畏？舉例菩薩行，舉例生活修持？
★念念不生疑，作何解釋？
★覺察生命的修行力，你最需要什麼樣的修行力？
★如何覺察生命中的修行力？
★何為修行力？
★體察他人失了精準，變傷了人，為修行力之何力？

★修行力持心，何為汝心？

★修持法門，以何為主？

★修持法門為何？觀音法門何觀？

★人生修行力，修忍辱，持修心要恆心，考驗都從生活中而來，如何堅持？

如何應對？如何修自己？

★如何修忍辱？

★如何修持決斷力？你能有決斷力嗎？

★你的願力在何處？如何修得度化力？

★願力與修持力，何為重要？在生活中如何運用？

★以願引行，以行填願，何為汝之願心？成就於何？

★願心宏願，力行求願以還願，作何解釋？從生活中何行之？

★放下的修持，如何做？

★放手的智慧，從何處可看見？

★斷捨離之智慧如何做到？
★解釋貪瞋癡，如何戒之？
★去我執，何為我執？如何改變？
★懺悔與改變的重要，生活中舉例？為何重要？
★煩惱計較，從何而來？如何滅之？
★安樂於心，如何起於安樂？歸於平心？
★何去普陀山？菩薩道場何在？

口試內容可從書中找資料，不能把題目放入網路來搜尋，不可引用網路資料，若引用網路資料，菩薩都知道，口試則為失敗！

生活中需要舉例的部分，都需用心、仔細小心作答，可以先書寫起來，再用唸的方式錄音回傳，即完成口試。

口試前，菩薩要我問：「有誰要先考？可以喊右！菩薩會按照順序口試！」

最慢喊右的兩位同學，菩薩要我告訴他們：「如果有人沒過，你們就有機會了；只要有人沒過，你們的口試考題就會出現了」，後來，他們兩位的考題真的出現了。

那時，一定有人開始在猜測是誰沒過？會不會是自己？大多數人都會擔心自己是沒過的那個人，當最後兩位同學的考題出現了，大家可能就會猜測有人沒過。

這是菩薩給大家的考驗，讓大家想會不會是自己？進而想忍不住去問。這時，就是考驗大家的智慧了。

測驗及口試完畢之後，菩薩要我宣布，考完後五天才會通知大家結果，會公布沒通過的名單。

口試過後，有人會以為不用唸經了、不用做功課了，所以生活課題也是重點，日常生活的指標，菩薩會納入考量，所以菩薩說，五天後才會個別通知未過關者。

這也是菩薩給大家的考驗，口試之後的等待，讓大家在這段期間一直不斷的擔心、受煎熬，猜想自己到底有沒有過？一直關注電話，想知道是否已通知？這也是人生當中的一種等待；有人耐不住，就一直問到底有沒有過？

人生當中，有很多事是需要等待的，所以，大家在這段等待通知的期間，擔憂、害怕，都是在做學習。

結果，有人在口試隔天，又補傳了回答給我。

我提醒：「違反規則，會害到自己！請遵守規則，耐心等候。有耐心是觀音法門最基本的事情，大家要學習有耐心！連等待都無法做到，怎麼過關？請大家注意生活中的課題！」

在生活當中，真正在考試的是自己，每一分、每一秒，都是自己在接受考試、考驗。如果大家連等待也不願意的話，要怎麼過關？這也是為什麼菩薩要隔五天才公布所有結果的原因，就是要讓大家耐心等待。

當結果公布的時候，按照菩薩的規定，我告訴大家：「我會個別通知沒有過關的人，不會讓那些沒過的人退出群組，大家也不會知道有誰過、有誰沒過，都不要詢問，也不要私下詢問同學，更不要彼此互相詢問！過與不過，大家不要臆測！過與不過，都不會有人退出，因為不要讓大家去猜測誰有過、誰沒過。大家都要相互尊重，要感同身受。通過的人不要大肆宣揚，要學會謙卑低調，學習去同理沒通過的人的感受，這很重要！」

但一定也有人因好奇心驅使，慣性八卦，想知道誰沒過，只要傳訊息問義工的人，這些都剔除在過關名單之列。

為什麼呢？因為菩薩不要大家臆測！

過與不過，都是自己的學習。

我們要學習觀自己的心，不語，不妄語，誰過、誰沒過都不應該八卦，因為在日常生活中，我們已聽到太多別人的八卦了。

如果是真的修行，我們怎麼會修到別人的人生，去關注別人有過或沒過上面？如果真的修口，為什麼滿口都在討論別人？

如果我們今天把過多的精神花在修別人身上，修別人的人生課題，以及修別人的口，討論別人的八卦和別人的私生活，那麼，你就白修了。

你今天是想修行的，怎麼可以不好好利用時間去反省自己，去做好自己的功課？

所以，也不用管別人穿什麼，不用管別人有沒有畫妝，不用管別人美不美麗。如果你都在討論別人而不是自己，是真修行或假修行，你自己心裡面最清楚。

菩薩給大家的考題，一直都沒停過。

這段期間，大家已經開始在感受觀音心法了，如同前面提到的，通過的人不要大肆宣揚，是為了讓大家學習謙卑及感同身受他人的課題；這當中，你會感到煎熬、恐懼、擔憂、憂愁以及害怕，這些都是為了要訓練你的心志更加地穩定，更加地成熟，更加地有智慧，種種經歷都是為了未來可以成就更棒的自己！堅定你的心很重要，菩薩與你同在，與菩薩同行，共生共心！

在啓程之前，我們挑選了十位候補同學，後來，只候補到第一順位的同學而已。

第三順位的候補者求菩薩讓他去，菩薩很慈悲，讓他求到聖筊，但航空公司不願再多賣團體票，因此，菩薩同意第二及第三順位的候補同學，可以自行買機票、訂飯店去普陀山，到了之後搭我們的車，跟我們一起同行，而且可以跟我們一起搭伙。但這並不是容易的事。

各位不妨可以問問自己：是否願意？或者會想（考慮）一下？還是放棄？

當這兩位候補同學一聽到要自行安排以上行程時，其中一位立刻透露出驚訝的語氣說：「怎麼那麼麻煩！我不要去了！」

另一位也回應：「為什麼不能幫我安排好？這樣好麻煩，我不去了。」實在太可惜了。

他們去普陀山的心不夠堅定，最後，是他們讓自己去不了。

所以，各位可以發現，有時候我們求菩薩，而祂也答應了，但後來受到阻礙無法完成，菩薩不是最重要的原因，而是我們自己沒有堅定的心去完成。

我問過我自己，如果只是一般的行程，要由我自己安排行程、自行前往的話，我可能也會選擇不去；但如果我是真的要上普陀山去學習的話，就算自己買機票、訂飯店，我也會如此做，雖然可能有很多的因素需考慮，但仍阻礙不了我想去的心。

也有同學非常積極，他說他願意自己安排所有的行程自己去，包括訂機票、飯店、交通……。但菩薩說他不能去，因為很現實的是，他三關都沒過，所以無法讓他去。三關沒過一定有其原因在，他有心、有錢，但他沒有過關，還是不能去。

我們思考這兩個點，一個是有機會，但行動力不足而無法成行，這是自己的選擇。

我們要警惕這件事情，有很多時候，是上天給我們機會，但是因為我們的行動力不足，不願意去做，這沒有對錯的問題，全然是自己的選擇而已。

另外一個情況是有心想去，可以自己安排行程，但卻沒有辦法去，有錢也沒有辦法讓他成行，都是一種無奈，也是一種選擇，為什麼？

在前面的考試為什麼不考好？也許太相信自己的答案，也許覺得：「菩薩很了解我，我這樣回答，菩薩就知道了！」但他有那樣的心想去，我也覺得十分感動，未來，地藏經的學習之旅，我想他一定有機會可以加入。

人生課題一直在走，人生考驗時時都在。

【啟程前言】

菩薩說：「生活中考題出現，把所學的運用在生活中，非常重要！勿生氣，勿動怒，凡事謙卑，願助人，不怕麻煩，勤勞，行善。」

喜怒哀樂分布在這四天，在上洛迦山的時候，你可能會感到特別地痛苦及煎熬，甚至於覺得來這一趟是錯誤的，在這過程裡，心中產生的矛盾與煎熬，其實都是人生的體會；但這一生，難得有機會可以親自上普陀山，你一定要相信你自己。

前面提到，喜怒哀樂分布在這四天，在這四天當中，你可能會接到家裡的電話或訊息，被告知忽然間家裡有急事了，可是你人在普陀山；或忽然間你在電話中跟人吵架了；或者是沒把辦公室的事情做好……等。

在這四天當中，你可能會有很多煎熬的情緒，如果你控制不了，那是你的課題。就像在機場時，有團員吵架，來不來都是你的問題，但都不關我的事，缺了你們幾位，我們一樣會成行，這是你們的功課。

功課帶上了普陀山之後一定會更加沉重，該如何學習就要靠自己了。

當導遊在車上用心介紹當地的風土民情時，也許你都聽過了，也許你都了解了，但提醒大家也該尊重導遊，不要一直聊天講話、滑手機，這是觀音心法裡的一項基本學習。

★菩薩的前言：

此觀音法門修行課程，觀己心，聞己聲，從心觀至，觀至自在。

修其因果，消其業障，視己之心，圓己之聲。

行程之中，刻刻體驗，時時考驗，唯心唯行，主至唯心，觀音觀心。

菩提奇生，慈悲其心，唯有淨心可得此心。

觀音法門，念念生慈，心心生悲，慈悲聚心，則無懼無疑，挺立向前，心至無敵，觀音法門助己一生，至心至誠，慈悲身，菩提心。

心開菩提，佛至蓮心，花開見佛。

觀音法門，觀世音菩薩。

【觀己心，聞己聲】

觀察自己的心，聽聞自己的聲音。觀音法門最重要的就是聞聲救苦，聞聲救苦，除了是聽外在的聲音之外，還要傾聽內在的聲音，有分為「外法」及「內法」。「內法」著重在心；「外法」著重在利人利他。

「內法」著重在心，著重在利己，能夠利己之後，才能利他人，所以，我們必須從觀己心開始。

「聞己聲」，聽從自己內在的聲音，把這內在的聲音內化出來之後，了解自己，認識了自己，幫助了自己，你就會擁有更大的力量去幫助身邊的人。

觀音法門，聞聲救苦是其根本。

【從心觀至，觀至自在】

從你的心去觀察，能夠到至善至盡的地步，能夠做最深層的觀察，能夠觀察到自己的起心動念，能夠觀察到自己對應他人的心，甚至於常常體會他人的苦，便能夠因為聽到了、感受到了、意識到了、辨別了，而能夠體會菩薩所謂的聞聲救苦、同理心。

而在這聞聲救苦的過程當中，有一天你發出了求救的訊號，有一天你訴說了自己的苦痛，也才能跟菩薩相應，因為菩薩一直以來都是聞聲救苦的。從觀察你的心到極致、到盡心盡致之外，觀察到了入微，觀察到了極致之後，你能夠了解自己的心，也就能夠讓自己的心安心自在，這就是「觀自在」。

【修其因果，消其業障，視己之心，圓己之聲】

「修其因果」，就是在人生的過程當中，每一分、每一秒我們都在累積不同的因，在承受不同的果，過去世是如此，現在世亦復如此。所以，每一件事情，每一個起心動念，每一個做法，都影響了你未來的發展，影響了未來事情所必須承擔的果實。這些所有累積的功德，都會在未來展現。也許你現在看不見，但它未來會成為你評判因果、修身養性、斷其因果、修其身、養其命，重要的分界。如何在人生當中，能夠繼續修好我們的因，種下所謂的善果，全都在我們自己每一刻的起心動念上，是牽一髮而動全身的。

如果我想要消其業障，就必須視自己的心，看見自己的心，以致於投射到他人，看見他人的心，看見他人的需要，當你產生同理心，當你能夠相應別人時，就如同觀世音菩薩能夠相應於你，能夠視你的苦痛為真實的苦痛，能夠視你的需求為真實的需求。能有所檢視時，才能夠視自己的心、圓己之聲，圓滿的聽見自己內在的聲音。

所以，在這種過程當中，尤其是當我們在洛迦山五百羅漢塔跪拜祈求時，聲聲唸佛，時時刻刻懺悔，腳下跪的每一步，都是你至心、至情、至真的懺悔。當你發自內心對於所做的諸惡業、諸惡心感到愧疚、感到懺悔的同時，就是菩薩給予我們心生慈悲、開啓菩提的當下，這個時候，消除業障也就格外地有效，而且能夠令其生命得之重生。

【行程之中，刻刻體驗，時時考驗】

在這一趟行程當中，每一刻都是你們的體會，該說話就說話，但不要浪費時間在不該說的話上，也不要去討論別人的事情，時時刻刻都會成為一種考驗。

在你的生活當中，會給予你適切的課題；在這行程當中，也會給予你很多的領悟，讓你能夠了解：所發生的每一件事情都有其因果，都有其目的，為的就是要讓你能夠從中學習了解自我，能夠發展出屬於自己的真心感受，而頓其悟，令整其心。

【唯心唯行】

唯有真心，唯有你的念頭真的想，由你的心帶領你的執行、你的行動，去走到你該去的境界，讓你的心帶領你成為一個更好的人，讓你的心發動念力，驅使你成為一個更棒的人，進而開啓你念力的轉動，啓動你致力人生智慧菩提轉動命運的觀音心法。

【主至唯心，觀音觀心】

觀音心法主致唯心，全部都講「心」。

所有你感受到的喜怒哀樂，所有你感受到的愛別離生死苦，都主「心」。

生活中的課題會讓你時時刻刻體驗人生，了解、體察到人身肉體不過是短暫停留，但是心裡面存留的傷痛，那些尖銳、煎熬的刺痛，卻可能是永久、永恆停駐在你心中。所以，如何學習讓心更寬容自在，學習放下，反而是我們人生當中需要學習與追求的。

菩薩希望我們可以觀自己的心，集中在法門之上，體會法門的用心。

【菩提奇生】

當菩提花開，當菩提心成，當智慧生的時候，很多奇蹟便會出現，很多奇妙的異象便會發生。

當你相信，所有奇妙的事情也會在你身邊一一呈現，就如同《觀世音菩薩普門品》所提到的，當你念念稱佛，念念觀世音，就能夠念念生智，念念生慧，並且能夠生得奇蹟，果證菩提。所以，只要你與菩薩相應，任何事情都可能是奇蹟，能夠翻轉，能夠見證奇蹟。

【慈悲其心，唯有淨心可得此心】

從現在起，你必須要訓練自己成為一個慈悲的人，唯有淨心才可以得到此心，而此心是指菩提心，此心是指慈悲心，此心是指觀音心，非常重要。

【觀音法門，念念生慈，心心生悲】

每一個念頭都是慈悲的，不管別人怎麼對你，就像菩薩告訴我們的，要堅持善良，所有產生的念頭都是好的，都是慈悲的。

要同體大悲，感同身受，體會到別人所生的苦，因為我們沒經歷，所以，更需要學習站在別人的立場去感受他所經歷的事情。

我不是他，所以我不妄言；我不是他，我不隨便猜測；我不是他，我不隨便替別人發言。

【慈悲聚心，則無懼無疑，挺立向前，心至無敵，觀音法門助己一生】

當你句句生慈悲，心心生同理時，便可聚集慈悲心。而慈悲聚心時，則無懼無疑，你不需要懷疑，你不需要恐懼，因為你知道，你的心中有慈悲，心中有菩薩。

念念生慈，心心生悲，能夠感同身受他人所受的苦，對於菩薩，你能夠相應，能夠無懼無疑，便能挺立向前。不管你遇到任何問題，你不會沮喪，你不會放棄，你會勇敢向前，不管未來結果會是如何，你都會非常勇敢地挺立向前，只為目標前進。

當你能夠做到以上這些，你的心可以算是無敵了，而觀音法門可以在這裡幫助你一輩子，在生活當中，由觀音法門來帶你一輩子，體會觀音法門的存在，能夠觀其音聲，聞其聲，救其苦，每一位就像一尊小菩薩般，能夠聞其音聲，能夠聞聲救苦。觀察身邊的人是否需要你的幫忙，你都可以是人間菩薩。

【至心至誠，慈悲身，菩提心】

你的心是虔誠的，你的心是至上清明的，當這樣的開啓，便有慈悲的肉身，有慈悲身，便會有菩提心，所做的每一個面向跟決定，就如同菩薩站在蓮花台上，心開蓮，心生蓮，而蓮花轉動，也轉動佛法；佛法的轉動就會讓人產生所謂的智慧。

【心開菩提，佛至蓮心，花開見佛】

蓮心上面坐有佛，佛至蓮心，就可花開見佛。

任何一個美好，任何一個片刻的當下，都有佛菩薩在光明處等待你，都有佛菩薩在黑暗處照耀你，一點都不需要害怕，因為你的心花開，也就是心開，花開便見佛，心開便見佛。

【觀音法門，觀世音菩薩】

觀音法門，是觀世音菩薩所給予大家的修行法門、修行課題。

接下來的課題，交到你們自己的手上，要消除多少的因果，並不代表你能夠結業或不結業。

能夠消除因果又能夠結業，是你至大的福氣；能夠消因果而不結業，也是你的福氣；不能夠消除因果也無法結業，那是你自己的選擇、自己的決定，無關菩薩，就只關你用心與否。

現在，大家到了普陀山，既然花了這麼多的錢，每一毫都是我們人身肉體賺取來的辛苦錢，不要浪費了它。

你今天一定要帶回某些東西，一定要有所成就，一定要告訴自己：「在普陀山這幾天，我回去之後一定變成全新的我，我會變得更加謙卑，我會變得更不一樣，我會更懂得在生活當中時時感恩，我會幻化成另一尊菩薩，我是人間菩薩，我至少是我們家重要的菩薩，能夠帶給我的家人們幸福健康快樂。如果我的家人有悲傷，我能夠給予他安定；如果我的家人面臨到健康上的困苦，我能夠為他開啓至誠至心最大的祈福力量，把我所做的功德，所得到的功德，全部貫注於他。」所能做的，很多很多。

這次，只要能夠修行完畢，觀音法門便可以改變你的一生；而你這一生當中，使用觀音法門，會受用無窮，如同佛法進入到你的生活當中，受到無窮盡的幫助。

但請你特別注意一件事情，請你不要只在嘴上說佛、在嘴上說菩薩，請你身體力行，確實遵守；如果只是修其口，而未修其心，那麼，所謂的修行，也不過是如夢幻泡影，一切都不能長駐你心。

如果你真的很珍惜能夠到普陀山來學習觀音法門課程，那麼，請你回去之後，開始脫胎換骨，成為另外一個人，時時感恩，懂得謙卑，學習付出，而沒有計較。

沒有比較心，消滅貪瞋癡，不再強求所有得不到的事情，一切隨緣，就能夠感受到菩薩所給予我們這課程最大的慈悲目的。

★菩薩叮嚀：

此行程為觀音法門課程，全程守禮、守儀規。

心口柔軟，身承不苦。念力集中，離苦除障。行程辛苦，甘心不苦。

忘卻苦痛，才可同心，修得法門，一生受用。

●謹遵守的注意事項：

此為觀音法門課程，不是玩樂行程。

在整個禮佛的期間，請不要嬉笑怒罵。

在進行活動的過程當中，請大家遵守不語。

全程守禮、守儀規。

儀規，一般佛教團體也會寫成儀軌，其實，就是在佛教禮佛當中，必須要遵守的禮儀規範跟順序原則。

【心口柔軟】

心、口、身都要柔軟，不要生氣，不要動怒，凡事要謙卑，而且要幫助別人，要互相幫忙，能夠為他人服務，能為他人分憂解勞，能夠扶持走不動的人，遇到他人背不動東西能幫忙拿，不要怕麻煩，也一定要勞動。

【身承不苦，念力集中，離苦除障。行程辛苦，甘心不苦】

此行，我們的肉身會受到極大的痛苦，既累又倦，可能又冷又濕……等，但你的身體是不會覺得苦的，因為你甘心承受這些，你就會覺得不苦。

念力集中起來，這也是訓練你念力集中的過程，告訴自己：「我要能夠離卻這些苦，要能夠除去這些業障，而這些業障、業力，都是因為我而來的，都是因為我過去世或我今生所造的諸惡業、諸惡心而來的。所以要忘卻這些苦，要離開這些業障，也必須由我自己親修（親自修行）。」

所以要集中念力，離苦除障。

【忘卻苦痛，才可同心，修得法門，一生受用】

忘卻了自身的痛苦，放下了痛苦，不覺苦，才能同心深入修行之中，修得觀音法門，此法門一生受用，對你能夠有改變，對他人也能夠受益，若能精進傳達心法精要，或能夠分享與改變，受用的不是只有自己，還有身邊的家人朋友們。

【每日修持不間斷】

在普陀山，每天清晨起床，不管多早，都要持誦《延命十句觀音經》，最少七遍，最多四十九遍，迴向給在台灣的家人朋友們，能夠帶領著他們的心，帶領著他們的靈，跟我們一起在普陀山連線，感應菩薩的慈悲。所以，就算家人沒來，你唸《延命十句觀音經》七遍或四十九遍，就如同你帶領著家人的心，帶領你家人的靈，一起到了普陀山聽經聞法，收穫功德。

《延命十句觀音經》可以迴向給你想要帶領的家人或至親好友。每天早上起床梳洗之後，就可以開始唸《延命十句觀音經》了，可以在持誦之前，先恭請南無觀世音菩薩九次，並向菩薩稟明：「我要開始持誦《延命十句觀音經》了，要迴向給哪些對象，然後帶領他們來跟我一起聽經聞法，所受功德迴向給他們。」接下來，就可以開始持誦經文了。如果有的人持誦七遍後還有時間，仍可持續不斷地持誦，若已到四十九遍，仍可繼續持誦，不限次數，但最少就是七遍。

也可以迴向給往生者。我們邀請往生者在朱家尖碼頭搭船，一起與我們上洛迦山；因為祂們與我們上洛迦山之後，也可以與我們一樣消除業障。

所以，若你們有往生親人，你們可以試著奉請祂們前來，希望祂們可以跟著來，也許，有往生親人一輩子都没去過普陀山，如果祂還没去投胎的，也許祂們很想跟我們一同前去，所以，可邀請祂們一起在朱家尖集合，跟我們一起去見見菩薩。

第四天出發前，要把《白衣大士神咒》、《佛說阿彌陀經》唸過一遍。

★菩薩的出發前言：

「反省自我，步步蓮花步步生。生而步，盡而思。思其懺悔，淨得蓮生，啟得人生。」

這一次的行程，著重在觀音心法及懺悔法門，這是一場懺悔的法會，可以消除我們的因果業障。

一旦有決心要去，便要下定決心做改變，改變你的人生，改變你的個性。

這不是一個輕鬆的學習之旅，當中有很多的內化、和解、釋然的學習過程，有衝擊、有矛盾、有恐懼，都需要拿出勇氣去經歷。

「反省自我，步步蓮花，步步生。」菩薩說，你每一步都是踩著蓮花在重生著，所以，越清楚檢視自己曾犯過的錯，對你的人生而言是件好事。

「生而步，盡而思。」你可以在人生還活著的時候去走這一步，如此，就要盡心盡力去想清楚你在過去人生中所犯下的罪業，未來要能夠重生，就從現在開始。

「思其懺悔，淨得蓮生，啟得人生。」能夠思其現在的懺悔，就能夠清淨地得到蓮花蓬生的機會，而啓得你新的人生。

清理消除，人身自在

【消除因果業障】

我們很慶幸可以通過三關的考試及口試而來到普陀山。

我們在此生犯了非常多的錯，過去，我們沒有機會可以彌補。我們通常要做很多的法會，要做很多的功德，來消除個人累世所累積的因果業障。

為了要消除我們從小到大所經歷、所犯的過錯，在此要做一個很重要的功課。

對人、對事，如果有來不及說的話，或傷害別人的話，都可以細細的、點點滴滴的寫，以求消除我們此生的業障，藉由我們所寫的懺悔文，到了洛迦山，以三步一叩首的方式向山行，來進行消除因果業障的行動。

我們何其有幸可以在今生有機會，而不需等到臨終，就能消除我們此生已經造成的因果業障，不管是對別人或對自己的。我們才有可能在清理完之後，重新出發。

我們要做的功課，是請你檢視自有記憶以來曾經犯過的錯誤，例如在幼稚園拉過別人的頭髮、搶過別人的食物……，從小到大的每一個階段都要鉅細靡遺地檢視，請檢視所有階段並寫下要懺悔的內容，包括幼稚園、國小、國中、高中、大學、研究所、出社會後，用條列的方式寫完。

在過程當中，所想到的任何大小事皆可，例如，你曾做了對不起別人的事，做了傷害家人的事，曾經亂丟垃圾、踹過動物、罵過誰三字經，曾經在言行上傷害過爸媽，曾經故意摔破東西……，做了任何你認為不應該做的事，都請你進行懺悔。

名字不知道，就寫：「我已經忘了他的名字，不知道他是誰！」

你寫得越多，消的業障越多，你寫下的每一件事都可消除，但如果遺漏了，那就很可惜了！所以，盡可能清楚仔細地把每一件事寫下來，然後，讓菩薩有機會消除它們所產生的業障。

懺悔、反省過去的種種，越誠實便越能夠清除乾淨。

以下舉個例子：曾經借錢給別人，雖然是慈悲，但後來對方沒還，你也不催討，算不算罪過？算！因為你借給別人一筆錢，讓對方去揮霍，讓對方去做別的事情，他卻忘了要還，我們仍應盡到催討的責任，因為很多事情是息息相關的，任何一種妨礙他人成長的事情，它都是罪業。

曾經介入過別人感情的罪業也是罪業；你曾經對父母親的關懷不理不睬、惡言相向的，都是罪業；你曾經因為身體不適就咒罵身邊愛你的人，是罪業；曾經別人給你很多但卻被你嫌少，也是罪業。

所以，請大家準備幾張照片，包含每個不同時期的自己，如全家福、求學照、出社會照片、結婚照、生子……等人生各個階段的照片，紙本或電子檔都沒關係。如果可以，照片能更多更完整更好，因為這關係到你自己的功課及功德。照片是為了要輔助你回憶當時的事，所以，把以前的照片拿出來看著，慢慢地你就會想到有很多事情可以寫。因為在你看照片的時候，會浮現很多的畫面，那時期的同學、朋友，可能會喚起你的記憶；例如，在那個時候，家人生病了，因此喚起你的記憶，讓你一步步檢視，哪怕你覺得自己照顧家人不周，照顧得不夠好，如果覺得是你的錯，你都可以寫在懺悔文裡面。

千萬不要覺得：「懶得寫，不用寫，菩薩都了解我！」菩薩要看的是文字，要從你的懺悔文字當中，來進行消除業障及懺悔。

你寫得太少，怎麼對自己做清理？你想消多少，你就寫多少。不怕寫得多，只怕少。

懶得寫、不寫，就白白浪費了一個這麼好的機會。如果你覺得自己都沒錯，那就都不要寫，這些事只有你自己最清楚。

這是難得的機會，沒有人的人生可以有機會重新來過，去消除他此生的因果業障。

這是菩薩做主的，同意讓你們有消除今生因果業障的機會，為什麼？

因為未來要藉由你們的力量，去導正一些觀念，以幫助你們身邊的人，當你們清空這一世所擔的業障，就會有足夠的福德，你們將有更多的力量去幫忙家人及朋友；你們祈福的力量會比那些身上還背有業障的人更強大。

所以，我們有如此難得的機會可以做這件事情，這四天所受的苦，便不算什麼！

以後，你們祈福的力量會比別人強，要做的事情會比別人多，也會有更多的福德可以散發出去，以幫助更多的人。

清理完之後，你們就像是小菩薩一樣！所以，這是用你們的行動力，給予自己人生重生的機會。

此次的觀音法門是法會之旅，也是一場懺悔法門；強調心，也強調身，會經歷過潮濕、煎熬及難過，也可能會狼狽不堪，但要知道，我們的肉身狼狽不堪，都比心狼狽跟倦累要好。

我們學習的懺悔法門，強調心，也強調身，痛苦在其中。我們會在痛苦中得到解脫，越痛對你越好，越勞累對你越好。

船開了就不語，然後，從洛迦山碼頭上到羅漢塔，我們用爬山的方式，也都不能講話。

上洛迦山時，跪在五百羅漢塔前面，先三跪拜頂禮，然後開始唸自己所寫的一切，把所寫的懺悔文逐字逐句唸出來，經過轉換後，化成功德迴向給自己。所以，唸得越清楚、越虔誠會越好，因為菩薩會開啓五百羅漢塔頂，為大家清除貪瞋癡及因果業障，讓你們跳離苦海得到解脫。

從羅漢塔出來後，就開始慢慢的一路跪拜叩首。

因為每個人唸的速度不同、時間不同，所以，只要自己唸完了，便可以自行出五百羅漢塔，之後，就開始沿途持續唸「南無大悲觀世音菩薩」並行跪拜叩首之禮，一直到那段山路的盡頭——「圓通禪院」，盡頭處有一座面對海的「入解脫門」，菩薩就在那裡等大家。

我們在羅漢塔時，雖然塔已經開啟，收了我們所唸的每一個因果業障，但跪拜是用來加強消除業障的效果，所以在跪拜時，要心生懺悔：「我真的很對不起！」對不起什麼，想到的就講。

在洛迦山原本想讓大家三步一叩首，但因擔心三步一叩首會讓有些人的膝蓋承受不住，所以做法如下：

唸出「南無」二字時，人是停著的；接著再唸「大悲觀世音菩薩」，每唸一字便走一步；然後停住跪拜叩首，這樣大家比較有一致的儀程，這是我請示菩薩同意後的方法。

當然，自己要能夠變通，如果你停住的位子是有危險的階梯，你不可能在這邊跪拜的話，你就找一個安全的地方，菩薩不會那麼執著，是人才會產生執著，菩薩是很寬容的，可以應變人的選擇。

若過程中，有人的膝蓋承受不住，可用合掌彎腰三拜的方法替代跪拜叩首，但仍然可能對腰部產生傷害，所以都是一樣辛苦的，但其實只要身體放鬆，動作放慢一點，彎腰反而可以幫忙拉筋，所以想採用第二種方式也可以。

如果覺得身體真的很不舒服，就用站立的，不一定要用跪拜的方式。

如果沒有辦法記得跪拜時到底是哪一隻手先碰地，你就只要用你最舒服的方式跪拜就好，菩薩都能夠理解的。

在洛迦山上沿途唸「南無大悲觀世音菩薩」，反省懺悔，消除自己的業障。為求見佛，全程完成跪拜行程後，我們會在盡頭遇見菩薩。

有人問：「跪拜懺悔，可戴護膝嗎？」

這問題很好！要不要戴護膝，是個人感受的問題，我個人經過菩薩指點，我是不戴護膝的，因為菩薩說當跪下的時候，每一刻所感受到的痛，就是消除人生業障的最深處。

當下我可以感受到苦，因為人生有很多時候是來不及保護自己，就被迫受傷害了！所以，我願意用我的肉身去體驗過去人生所承受的苦，以修我未來不要再經歷這些苦，因此我不戴，我也不做任何保護措施。

但比較年長的人，膝蓋可能較不堪負荷，或膝蓋會痛，就真的一定要戴，有舊疾的人，也不要逞強，因為不逞強也是一個學習的課題，否則，到時在山上可能還需讓人把你抬下來就不好了。

所以，你也要學習如何保護你自己，讓你有長久的未來，不要在這個階段消耗所有的精力。

【體會體驗】

菩薩講，祂會讓我們的鞋子濕透，然後腳丫踩在水裡。不管怎麼穿，水是一定會滲到雨衣、雨鞋裡面去的，所以一定有不同的感受。

果然，菩薩給了我們一場大雨，讓我們感受這一切，淋成落湯雞，也讓腳丫痛快地被淋濕。

到了羅漢塔後，我們先順時鐘繞九圈之後，大家立刻就定位，跪在塔的四周，自己唸懺悔文。菩薩說：「如果你的身體是往前傾的話，你的紙張是不太會濕掉的。」

當天下如此大的大雨，如果是自己來的話，下那麼大的雨我們就不會出門了，但是因為我們要做的是功課，所以無論再大的雨，都得出發。

當神明在做推手的時候，很多事情，人是不能推卻的。

如果我沒有事先告訴大家會下這麼大的雨，如果你馬上就碰到這麼大的雨，你會更難過，會更辛苦。

所以，菩薩對我們很好，讓我們有心理準備，這樣的雨其實不算什麼，大家就歡喜承受，雨水會洗清我們在這一世所做不對的事情，大雨會沖刷、洗脫我們的罪業。

真的要非常誠心的為自己所做的每一件事情深深的懺悔，一定要誠心的唸，否則就沒有效用。

祝福大家都能重啟順利圓滿的人生，此生所有的因果業障都能夠洗刷，清理之後，我們就是重生了，而每一步、每一份功德，都累積給我們在台灣的家人、朋友們。

這個行程非常的辛苦，只有心甘情願地去做，才不會覺得苦；忘卻了痛苦之後，才能夠同心；當你的心中沒有苦之後，才能感受到這趟行程要學的究竟是什麼，而修得這堂觀音法門，一生受用無窮。

【菩薩巧妙安排】

我們上洛迦山時都沒什麼人，主要是因為此次的領隊朱大哥幫我們訂了二個時段的船票；洛迦山的船票，一個時段只有兩小時，也就是買九點的船票，十一點就需搭船回普陀山本島，再下一個船班就是下午一點，然後三點就一定要回普陀山本島了。

所以，十一點到下午一點的中午時段沒有其他遊客，中午的時段，環境特別的幽靜，只有愛班同學留在洛迦山，也因此讓我們的跪拜，沿途通行無阻，除了是菩薩的巧妙安排，也歸功於朱大哥費心幫我們額外加訂船票，我們在此特別感謝他。

所以，這些眾生菩薩們有幫助我們！幫我們淨空了一條道路，讓各位可以如此清靜地去做因果業障的清理與懺悔，真的非常感恩菩薩。

當時，雨下得非常大，每個人都有很深的感受，當各位第一次跪下去時，已經是不顧一切了，即使全身被雨淋得濕透，也覺得很暢快，而且越跪越開心，相信各位從未有過如此的經驗。

這是因為你身上所背負的因果業力越來越輕了，你的靈魂引領著你，讓你越來越歡喜。

【懺悔】

我在寫懺悔的時候，其實，內心已經開始難過了：「我對不起誰……。」我還寫到小時候跟哥哥打架的懺悔，我本來以為寫的時候難過已經消失了，到佛塔那邊應該就只是把它唸出來而已，但不知道為什麼就是覺得好難過，所做的每一件事情，內心都覺得深深的懺悔。

我們轉了九圈的羅漢塔。這次羅漢塔開啟的方式，不是之前幾次的那種旋轉，它有一點先凸出來，然後再轉，有一點像變形金剛那種感覺，很多羅漢冒出頭來，神明也冒出頭來，然後上面形成像漩渦一樣一直轉，每一層轉的方向都不同，這一層轉右邊，另一層轉左邊，就一直不斷地在轉動。

當我們全部都跪拜下去的時候，可以感覺到那個轉動速度很快，因為我跪在前面，我專注的在講我自己的懺悔文時，起起落落聽到很多人在傷心、在難過、在講懺悔文的內容，我可以感覺到後面有好多東西被抽離。

如果你曾經請菩薩拔苦的話，你會覺得應該就是那個東西被抽走了，所以會覺得很特別。

看到大家很努力的講懺悔文，好感動！

跪在羅漢塔比較久的、比較慢的，未必是因果業障比較深、比較重，他可能寫得比較仔細、講得比較清楚，都看每一個人做的功課狀況。

【清　理】

有位同學問我一件事：「當我們寫下自小到大的懺悔文，並進行清理因果業障的行為時，表示我們曾經傷害了某些人；雖然我們清理了自身的業障，但那些被我們傷害的人該如何？」

各位可曾想過這件事嗎？被我們傷害過的人，他們能忘記或放下這些傷痛嗎？假設因我們的叛逆而曾經傷害了我們的父母，甚至有人對父母口出穢言，摔了家具甩門而出，離家出走數月，傷透父母的心。

假設有人在懺悔文中寫下類似以上的過程，父母還會記得吧!?父母那時候的傷痛應該還在吧!?

今天我們在此跪拜懺悔，以求清理自身的業障，但那些被我們傷害的人傷口還在，如此能算清理嗎？

其實，當我們在進行清理因果業障的過程時，因我們所造諸惡業而受到傷害的有情眾生，菩薩已允諾我們，也同時讓他（祂）們受到傷害的那段記憶會逐漸被淡忘，並施予他（祂）們很多的功德，讓他（祂）們會有以下幾種可能的反應：一是忘卻有這件事；二是不覺得當時有受到傷害；三是覺得事情已過，一切雲淡風輕，現在過得好就好，不會在意那件事的，他（祂）們這樣想，更有功德，也幫助到我們。

所以，我們犯下的罪業，所犯下的過錯，菩薩都替我們承擔了，也幫對方的傷害做了清理。

菩薩辦事絕非單方面的讓我們受益而已，一定是面面俱到，一定是在我們真正發心懺悔的當下，對方也受到撫平，也讓他（祂）們的傷口癒合了。

這樣的過程是讓人感動的，原本做了一件不值得原諒的事，卻因為我們的朝山朝聖、沿路的跪拜，就能輕易地清理掉我們的業障。不是因為我們有多厲害，而是我們有這份心及這樣的機緣，也願意這麼做。是菩薩給了我們如此的機會，而我們也願意珍惜，所以才讓這一切成功圓滿。我們不用去擔心曾經犯下了過錯，那受害者怎麼辦？

在這些清理因果業障的過程當中，當然，大家都已經圓滿了，但有一件很重要的事，就是當我們回到台灣後，如果有機會遇到那些曾經被我們傷害的有情眾生，也許是父母，也許是朋友，也有可能是在未來幾年後才會再遇到的有情眾生，請記得好好地跟他們說聲謝謝，或者好好地跟他們說聲對不起。

如果你曾經當過一個叛逆的小孩，回去之後跟他們說聲對不起；因為你的叛逆造成他們不斷的擔憂，這種擔憂只有當自己成為父母之後才會知道。我們在此所學習的，能真正落實在生活當中，才是值得的。

很多人是第一次跪拜叩首，雖然我有提示若不舒服可以用鞠躬的，但是大部分的同學都很盡心盡力的做了自己該做的事情。我想你們自己也非常感動，你們怎麼會這麼努力的做這一項功課！

我們在洛迦山一路跪拜並清理完因果業障，之後，進入的寺院就是圓通禪院，大家都吃了糖果。

【一切都是最好的安排】

我講緣由，你們會覺得非常神奇。在船上時，菩薩說祂已經為我包包裡面所有的糖果都加持了，這糖果準備在大家清理完因果業障之後，要給大家吃。

我就想，我背包裡面的糖果通通都是開過的，有一包巧克力豆，還有幾包零散散吃剩的糖果，喉糖也是吃剩的，但是我從來沒數過，我很懷疑：「最好總數是真的有剛剛好！」

因為我想要知道菩薩有沒有安排得這麼剛好，所以我想要算糖果總數。由於是要給大家吃的，我怕把它倒出來會污染，所以，我就隔著糖果袋外面摸數量，數到一半，覺得很難數，我就想算了！放棄了！不要執著想要先知道答案是什麼，菩薩自有安排！

等到在圓通禪院一個個發糖果時，發到了最後一個同學，我發現糖果真的剛剛好發完，我的包包裡面所有糖果的數量，一個也不少，一個也不多，就是剛剛好！

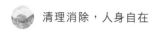

其實，有很多事情菩薩都已經安排好了，我們真的要相信菩薩。

我們人生當中，不管走到了哪一條路徑，老實說，菩薩都安排好了！你做的努力，菩薩也會安排好；沒做的努力，菩薩也會替你安排另外一條路，只是你要選擇哪一條路，真的是看你自己。

菩薩說，祂把我背包裡面所有的糖果都加持了，將糖果吃下去，代表著重生，也就是你所懺悔的，菩薩都幫你做一個清理了，我們現在的靈魂就像一個剛出生的嬰兒一樣，很單純，沒有任何貪瞋癡，當下，就算是全身很濕很黏的狀況，也會覺得非常的開心。

現在開始，我們每一個念頭都是好的，因為很難得可以回到剛出生嬰兒那般的純淨靈魂。

嬰兒時期最重要的兩件事，就是吃跟睡！吃不飽會哭，吃飽了會笑；睡不飽會哭，睡飽了也會笑。

嬰兒很單純，就只為了要滿足能夠延續生命的狀態，其他人生當中可得、不可得的，都無所謂了，是不是很好？吃飯也只是為了不要餓肚子，你給嬰兒每天都喝同樣口味的牛奶，他也是給你笑呵呵！

所以無所求，無法選擇，都可以，都好！

【迎接往生親人】

大家的往生親人會在跪拜盡頭的圓通禪院集合，等著大家的到來，因為菩薩安排祂們到那邊，不會淋到雨，所以，我們一路跪拜後到那邊去認領祂們。

此次普陀山行前，我跟菩薩稟報說：「因為我的父親走了，過程非常地圓滿，非常地平安，我的父親都沒有受苦，所以，我來普陀山也算是還願的。」行程第二天，我在洛迦山看見我的父親，這是他往生後我們的第二次相見。

我以為我父親在圓通禪院之內，但我在寺院裡並沒有看到祂，卻有看到各位的親人，站在各位的右側，因此，我可以告訴各位有幾位往生親人到來，甚至有看到三代同堂的往生者到來，但卻沒看到我父親。

我就問菩薩祂在哪裡？菩薩說：「祂在看海，因為那裡人多。」我父親本來就喜歡熱鬧的。後來，在當天行程結束離開前，我有看到祂，我就安心了，能看見祂好好的，一副閒雲野鶴的樣子，到處遊玩，我就放心了，祂還是戴著那頂習慣戴的帽子。

我之前跟菩薩稟報說，此次普陀山之行是為了我的父親，否則，上次原本允諾大家的普陀山之行應該是在十年後才會兌現。現在，距上次普陀山之行只有三年，按理說，原本還要在七年後才會再來的。

現在，我們把原本預計的時間提前了，主要是為了我父親，也是為了還願，因為很想念祂，所以很希望可以在普陀山看到祂。當然，一如所願的在普陀山看到祂了。

大家的往生親人，都是大家站在我身邊時，我直接告訴他們是誰來了，他們不需要跟我說有誰，我直接說出親人是誰，他們就知道了，十分感動！

時時學習

【飯店海灘上課】

有同學問我：「那麼多人信菩薩，為什麼我們可以如此幸運能消除我們此生的因果業障？一定也有很多人修得比我們更好，他們有沒有這樣的機會也可以這麼做？」

其實，全世界有很多佛教團體，都受到菩薩的眷顧，我們也只是其中一個小團體，很幸運的我們受到菩薩的眷顧，別人也是有受到菩薩眷顧的。當然，我們很幸運的可以消除我們此生的因果業障，別的團體一定也有這樣的機會可以消除因果業障。

今天給了我們這樣的機會，我們每一個人都很珍惜這樣的機會，所以，我們可以做到消除的動作。

今天，菩薩給了我們這樣一個機會，可是，有的人在寫的過程中或在唸的過程裡不認真，如此，也沒有辦法消除！

所以，消除因果業障也不過是一個方法，而能不能夠確實的把握住，就看每一個人的選擇了，因為有些人會覺得：「真的嗎？可以嗎？哪有這麼誇張？怎麼會這麼好？」菩薩給了我們這個機會，你如果願意去做，就是真的可以這樣消除！

在沙灘上課，是很多年前，我們說要來普陀山時，菩薩提議的。

我們在五百羅漢塔及一路跪拜到圓通禪院那邊，是為了清理我們今生所犯下的諸罪惡、諸罪業。

如果你從洛迦山回來的路上，沒有生氣或是罵人，你應該是沒有增加新的罪業；如果你是很開心的、很快樂的，我想你現在還是如同嬰兒一樣，身上沒有任何罪業。

清理掉此生的因果業障之後，我們心裡面還是會覺得苦、覺得很難過，是因為我們的人生當中可能經歷了某一些課題，包含我們肉身的苦、心裡面的苦。

我們心中還是有一些苦，畢竟我們是來當人，我們還有很多的苦惱、無明會一直糾纏著我們，以致於很容易讓我們生了憎恨心。

到海灘上，就是為了要讓潮汐帶走我們的苦。但因為當下是沒有潮汐的狀況，所以，就由菩薩立現來帶走我們的苦。

我們面對上方的菩薩，一起恭請菩薩九句之後，一起唱觀音心咒，象徵著讓菩薩把我們的苦帶走。

大聲唱、慢慢唱，唱到每一句「嗡嘛呢唄美吽」的「吽」字，都把你的氣全部用盡，請求菩薩帶走我們的苦，很大聲的把我們的苦丟給菩薩。

希望把我們的苦留給菩薩，讓我們少一點的苦，請求菩薩救我們的苦，拔我們的苦。讓我們的心中不苦、人身不苦，讓我們的人身肉體未來也不會受到太多的苦痛折磨，讓我們人生完成今生所要完成的課題，一切圓滿。

【菩薩有求必應】

有的人說：「菩薩都會有求必應！」也有的人說：「沒有啊！我求菩薩，很久都沒有回應啊？我求祂事業要怎麼樣、婚姻要怎麼樣，好像都沒有什麼反應？」

這次在上課時，菩薩有講，在觀音法門裡，很重要的一件事情就是，為什麼有人發生了某一件事情時，他很快速的祈求菩薩，結果是，很快的、很輕易的就會有人來幫他？

當他遇到了困難，需要幫助的時候，他可能只是丟出一個訊息，便有很多貴人出現來幫他？那就是跟菩薩相應的問題了！

大家要常常跟菩薩講話！千萬不要覺得「常常恭請菩薩」很麻煩，不要替菩薩著想：「沒關係，我暗自來努力，我不要跟菩薩講。」

有些事情是真的很苦、很困難，但你覺得自己可以處理，當然你就自己就處理。但是，你也可以跟菩薩分享：「菩薩祢看著我！我會自己處理，但我要祢看見我的勇敢！」

你常常跟菩薩講話，讓菩薩非常了解你這個人，菩薩知道你的個性，知道你的態度，知道你就是吃軟不吃硬，例如，你曾對菩薩說：「菩薩，這個人犯了錯，我不能輕易的原諒他，因為我必須讓他學會某些課題，所以，我不能夠妨礙他的成長。」

這就像我們跟菩薩打小報告：「這個人在我身上給我這樣的課題，我願意面對，可是我又想自己處理……。」

跟菩薩稟報了之後，有的時候遇到了困境，你會發現，真的有人馬上就來幫你，那是因為你常常跟菩薩講話，你願意跟菩薩講你的心事，所以，菩薩可以在你恭請菩薩時，很輕易的便可以搜尋到你所有的資料，知道你的個性、你會怎麼做，以及接下來的安排。祂可以把相關的資源、相關的人員放到你身上，所以，你會很快速的得到幫助。

有人常常這麼說：「我求菩薩，每次都會有轉機耶！我求菩薩，菩薩就會知道我在做什麼了！所以，我總是很輕易的得到了菩薩的幫忙，我深深的相信菩薩！」

當然，也有一些人會認為：「我看不到，我聽不到，我根本不知道菩薩到底可以給我什麼？」

不要管你看不看得到，不要管你聽不聽得到，有一天你會發現，菩薩在你的身邊安排好很多事情。菩薩因為知道你看不到、聽不到，所以，祂做了最好的安排。

我們今天何其有幸！因為我們想，所以，讓我們有這樣的機會；有了這樣的機會，大家也願意珍惜這樣的機會，並給自己一次機會試試看，因此，我們創造了人生當中，第一次可以清除此生因果業障的機會。

過程裡，雖然很辛苦，但這些辛苦都不及人心裡面的苦。人身肉體痛苦是可以適應的，可以承擔的疼痛指數也是可以逐步提升的；但是，人心裡的苦若不拔除，那個苦便會愈來愈苦，會讓人想死、想自殺，會讓人放棄希望。

每一個人都經歷過人生最痛苦的片刻，也許，那不是身體的苦，而是心裡面最深的煎熬，那真的會讓人想死，會讓人放棄希望，甚至不知道人生目標在哪裡？努力是為了什麼？

所以拔苦很重要！拔苦必須要先知道自己在苦什麼，有時候，苦是自己給自己的；有時候，苦是別人給予你的。別人給予你的，包含你的爸媽對你的情緒勒索；你的另一半對你的情緒勒索；或是你那青少年階段叛逆的孩子對你造成的傷害或痛苦。

如果你放不下那些，或不學習著接受，那個苦便會一直放在你的心裡面，除了讓你難過，也會讓對方難過。

所以，要學習接受苦，並學習接受你現在所面對的事情。遇到了，沒辦法，就去面對，就去處理吧！

生氣，不是解決問題的辦法，唯有好好的接受你的現況，才是真的可以處理事情的態度。

【順著流】

要花普佛的錢去做大敬，這些安排並非是我們可以做的選擇，因為我們需要大敬禮佛、普佛，所以我們必須付出一定的成本，這是不可避免的。

菩薩的初發心是不可能會變的，寺院每天早上辦這場禮佛，就當僧眾們也可以做早課，一種練習，後來變成一種生活的必需，雖然收費，但也是為了維持寺院運行的開銷，這是沒有對錯的問題，也是應該的，因為我們請求僧眾持經唸佛，做了一場如此殊勝的法事，這是我們應該要付出的。

這次在普佛時，我把手機放在跪墊前方，同時做直播，之前，有請領隊去詢問，寺方也同意了，結果在快結束時，法雨寺中有位僧徒出現，大聲喝斥叫我關掉。

我本來要回說：「師父說可以！」但後來想說沒關係，反正已經快結束了，後面只是在唸大家的疏文，我就把直播關掉了。

但畢竟這是他們的寺院，我們還是要遵守僧徒的要求，因為很難在如此殊勝的過程中去跟他們解釋，也不需要去解釋，因為剛好也快結束了。後來，我們到寺外做我們自己的法事。

以前，來法雨寺時，菩薩都會要求把要加持的物品放在寺內，以便加持；但這一次，在一開始時，菩薩便要我把要加持的物品放在寺外的廣場上，但我一直擔心外面會下雨，不能讓這些物品在加持過程中被雨淋濕，所以，我一直對著天空祝禱，請求先不要下雨，所幸在整個法事過程裡，都沒下雨。

各位的每一張祈願卡都是我親自唸的，每一個結緣品（平安琉璃）我也都親自請菩薩加持，當我跪在那裡，跪到膝蓋有點痛了，我跟菩薩請求能不能站起來？第一次要求時，菩薩回說：「不用！」祂不會回答我說好或不好，祂只會回我說不用。

以前我都會反問：「為什麼不用？我腳已經在痛了，為什麼不用？」以前年輕時我都會如此問，隨著年齡增長，我已經知道菩薩說不用，就是不用、不必問為什麼，祂說不用的意思就是我還可以忍耐。所以，我就用不同的姿勢跪著，像是挺著跪或跪坐……等，到最後，菩薩可能知道我真的再也受不了了，才說：「你站起來！」然後我才站起來，站著繼續進行加持的過程，直到結束。

在法雨寺，靜下心來，一定可以聽得到菩薩給你的一段話，有的人還可以跟菩薩對話、一問一答。

【心中有菩薩】

在五百羅漢塔做懺悔時，當時，有很多人都從我們旁邊經過，但我們並不在意，因為心中只有佛，心中只有菩薩。

在生活中也是一樣，可能別人都在看著你在做什麼，甚至於有人監視你在做什麼，但其實又有什麼關係？

他們要看，你就讓他們看吧！反正你心中有觀世音菩薩，你會知道有什麼事情是可以做的，有什麼事情是不能做的。

所以，別人看你做什麼，又何妨？別人把你當作傻瓜，有什麼關係？菩薩不把你當傻瓜，菩薩把你當孩子啊！祂覺得你是很天真、很單純的。

例如，借人家錢，你就是覺得人家一定會還，雖然別人都說你傻，可是你認為他是急用，你評估過後，你覺得不是妨礙他的成長，那也很好！有什麼關係！

所以，不見得別人所評斷的一定是真的，最重要的還是你自己的認知。其實，你的心中只要有菩薩，旁邊的人怎麼看你，都沒有什麼關係。

當你們愈來愈堅信觀世音菩薩的觀音心法時，你們會相信自己的心，會相信自己堅定的信仰，你就可以很理智地去判斷一件事情是對的或不對。就算事後你覺得不對了，你也會覺得：「在當時，我做的那個決定，是那個當下所必須要的。」

佛法進入到你的心裡面，進入到你的生活當中，對你一輩子是受用的，因為不管遇到什麼，你都會堅信你所信仰的是真實的。

有些人可能在法雨寺時，沒有聽見菩薩的話，就很急！

就像有人一上飛機就拍到菩薩了，為什麼一樣坐在飛機右側機翼旁，你沒看見？到了洛迦山、飯店海灘，有人很輕鬆的又拍到了菩薩，為什麼你沒看見？

別人沒看見、你有看見，或是你沒看見、別人看見了，其實都不重要。

你今天信奉觀世音菩薩，不是因為祂給你看見過，不是因為你聽過祂說話，是因為你知道，祂給予我們生命當中所有的課題跟學習，是一直都在我們生命裡。

不是因為文字，不是因為看不看得見，而是那個信仰是一直都在的，甚至從你小時候就都是一直信仰著的。

所以，有的人沒看見菩薩，很傷心，很難過，但那就是緣分。

有的時候，菩薩要讓你看見，是因為你經歷了某一些困難、挫折，祂希望你看見的時候，是可以堅信觀世音菩薩的確是存在的。

有些人的心中已有很堅定的信仰了，他根本不需要一定要看見什麼來去堅定他的信念。

有些人說：「在法雨寺，我真的都沒聽到菩薩的話，我聽了很久就是沒聽到。」

在法雨寺，沒有聽到菩薩一句話的人，可以站在南海觀音前面再聽一次菩薩的話。如果你已經聽過了，但很想再聽一下：「菩薩還有沒有什麼話想對我說的？」就自己再去聽看看，菩薩有沒有話要跟你說。

有些人沒聽到，其實，最主要是因你的心太過於執著，執著於「一定要有一個聲音進入你的腦海裡」告訴你：「我要跟你說什麼……。」

但問題是菩薩不會這樣做，因為你並不通靈，你聽不到菩薩的聲音，大部分可以聽到的是你心裡面在站上去時，在第一時間心底浮現的那一句話。

你可能會有一個疑問：「可是，那是我自己的聲音啊！是我心裡面想的一個想法啊！不是菩薩的，那是我自己的！」

其實，那個聲音、那個想法，或是那一點靈感，就是菩薩要跟你說的話。

只是因你第一次來，你第一次參加，或是你不習慣那樣的方式，你覺得：「這是我自己的想法啦！不是菩薩要給我的！」

有時候，大家不夠清楚的是，菩薩真正完整的聖號是「南無大慈大悲救苦救難廣大靈感觀世音菩薩」。

所謂的廣大靈感，其實是觀音心法裡面很重要的！

祂為什麼是廣大靈感？祂的廣大靈感，來自於祂會接收大家所要給予祂的話語與祈求，祂有廣大的靈感可以收、可以聽得到。

祂要給你們的，也是廣大靈感，當有一天，祂想要幫助你時，祂知道每一個人的資質都不同，但祂要給你們的靈感是一樣的，祂要你們都能夠感受得到，所以，祂會讓你們的心裡浮現出對某一件事情的想法，或忽然間想去做什麼事情。這就是菩薩要給大家的廣大靈感！

就像有時候，你去做某一件事情時，你覺得好像不太妙：「我覺得跟這個人合作，好像不太好，這時候貪這個東西也許不太對。」那麼，就相信自己的靈感，那就是來自於菩薩，祂在我們生活當中，時時跟我們相應，跟我們有感應，所給予我們的警惕。

出發前，菩薩說，在每一天行程的盡頭，譬如說在洛迦山的盡頭、南海觀世音菩薩的道場，以及不肯去觀音院的盡頭，祂會示現給我們看，並會在那邊等待我們。

菩薩示現的時候，我都開放給各位拍照，若你拍得到，這是你的緣分。我們真的非常幸運，菩薩沿途都有示現，例如，我們從台灣搭飛機來時，有同學拍到觀世音菩薩及韋陀菩薩的法相；在洛迦山，也有拍到菩薩和善財童子的法相；後來在飯店前的海灘上，也有很多人拍到。我們每一天，幾乎都有看到菩薩。

有部分同學看到菩薩的手在揮，那都是在菩薩的允許之下，刻意讓我們看見的，同學看到菩薩在揮手，那是菩薩為了相應我們。我們每一天，幾乎都會與菩薩相見，而且都是用肉眼或相機就可以看見祂。看見或拍到菩薩的同學都會特別地興奮。

不管你有沒有看見，你都會相信菩薩在你身邊。

【生活是法門】

在觀音法門上，大家還是要繼續努力，因為它的的確確是走進生活、走進心裡面的，你真的不能夠有一點點的惡念。以前不可以，現在更不可以了！

為什麼我們人要雙手合十，然後要口唸佛？就是因為我們不出手打人，我們嘴巴不說惡語。

如果別人有一點點感受到你的不對，那都是真的！

假設我今天覺得：「你講話就是太直接，就是會傷害到我。」

你說：「哪有？我是好心跟你講耶！我跟你這麼講，我是為你好！」

但我覺得：「可是你這樣講，我就會受傷！」那就是真的！

你不願意反省你自己，你就只能一輩子都陷在執著裡面。

當旁邊的人都不敢說你不好，很多人都哄著你、捧著你，那就完蛋了！當你目中無人、自視甚高時，那就完蛋了！你覺得你最強、最厲害，你的人生就完蛋了，因為不會有好朋友告訴你：「你不對！你不可以這樣做！」

所以觀音心法走的是「心」，它一定是從生活當中的考驗開始的。

我們有這麼強的念力，這麼多的無量光，可以幫助到別人，我們就一定要善盡我們今生跟菩薩的緣分，好好把這個緣分牽繫到別人身上，把念力朝向別人，為別人做更多祈福的事！只要你聽到了、看到了，你就可以為別人做念力祈福。

人家遇到困難時，你不要硬把他拉來座談會，也不一定要硬叫人家看書。你身上若有結緣品，就跟他結緣；你若有書，就跟他結緣；他不看書，你就教他恭請菩薩的方法，跟他結緣「恭請南無觀世音菩薩」九句，教他怎麼跟菩薩說話，他的心也許就會愈來愈安定了，你不用給予他什麼。

最重要的就是給予別人祈福的念力、祝福別人的念力，那是你們此生一輩子受用無窮、可以幫助別人的力量了。

從懺悔、歸零到現在，如果你沒有犯下太多的罪業，又時時懂得堅定自己的信念，我想以後，我們的福德是非常好的。

但不要在回去之後，故態復萌，又變回同一個人了，那麼，你這四天所學習到的，也不過就是沽名釣譽的普陀山之行，一切都是假的，一切都是修給別人看、成就給別人看，不是真實對你自己的。所以，回去之後，不要讓你的家人跟你說：「你沒變啊！碗不洗、衣服不洗、垃圾也不倒……。」

你今天即便是要去修行，家裡的事情若需要你幫忙的，還是要做。凡事都要從我們自己以身作則做起，可以忙一點，可以累一點，那都是我們的福氣，表示我們身強體健，表示我們受人重託，表示我們有被人利用的能力，都是很好的。

今天，如果有一個惡友要利用我們，他利用你的可能是比較不好的部分，沒關係，總有緣分可以幫你擋下惡緣，總會幫你結成善緣，因為一切都有菩薩在。

希望大家好好努力，可以讓菩薩看見你的改變。不要在普陀山時，都是慈悲的；一回到家就開始打小孩、罵家人、做驚世媳婦。不要回去後就變了個樣。

希望這些改變可以延續到回去之後，長期都可以很受用，而且是真的是有改變。

【普濟寺導覽】

你們如果仔細去看普濟寺菩薩，菩薩的臉上掛著淚水，連菩薩的鼻翼旁邊都是有淚痕的。

菩薩真的寧願在祂自己身上背負很多的苦，很忙碌的為了眾生而犧牲奉獻，祂也不捨眾生為了自己的人生疾苦受到一點苦痛或流下眼淚。

菩薩慈眼視眾生，千處祈求千處現，你只要常常恭請觀世音菩薩，常常稱唸觀世音菩薩聖號，祂真的是救苦救難、聞聲救苦，並且給予我們相應、越來越深刻的感應。

想要菩薩不要哭，想要菩薩不要為了我們而流淚，所有的人都應該要更加地堅強，自己的難關自己化解，就算遇到再苦，你都會覺得那是你的人生應該要承擔的課題，你就不會再覺得很苦了，你會覺得那是菩薩要給你的成長禮物。我們都希望，有一天菩薩所流下的眼淚，是喜極而泣的眼淚。

再往裡面走，是供奉三寶佛的法堂。

三寶佛旁邊有地藏王菩薩，在此，要謝謝地藏王菩薩，在我們每一次法會時，都幫了我們非常多的忙，以後法會，還是要請地藏王菩薩繼續幫助我們！

法堂的牌匾「化雨頻施」，意思就是，菩薩給予我們很多的法雨。

我們做普佛的地方叫做法雨寺，法雨的意思就是，很多時候，我們要洗刷自己的因果業障及不好的東西，大部分都要藉著雨；要建立一個好東西，都要藉著陽光。所以，雨降臨在我們身上，大部分都是洗去我們的苦、洗去我們不好的東西，給予我們安慰跟疼惜；而有陽光，就是給我們建立希望、重新開始的機會，或讓你看見奇蹟，大部分都會在雨中或陰天時出現陽光，或有烈日當頭的景象。

我們在普濟寺時，一拜拜就下雨，其實，這些雨都是菩薩給我們的印記、給予我們的普陀山法雨，是我們在拜拜時，菩薩給予我們的雨，所以，都要歡喜受。其實，這些雨是在幫助我們鎮定與清理。

就像是每次做完法會之後，可能就會下一場超渡之後的雨，以前的傳說是說，那些雨可以讓在地獄受到苦刑的那些靈魂，可以得到一口菩薩的甘露，可以解脫，不會那麼的乾渴烈燒，像這種雨就是法雨。

「化雨頻施」的意思是，菩薩很願意給人們很多的法雨，只要你願意接收，祂就會給你，這也是指菩薩很照顧我們的意思。

不僅是觀世音菩薩很照顧我們，其實，三寶佛也非常照顧我們。我們愈講，祂們就愈開心，法雨就愈下愈大，當下的雨，真的是菩薩跟三寶佛聯手給予我們的。

法雨愈下愈大，代表祂們愈開心。我們在洛迦山跪拜時，雨是最大的，祂們很用力的幫我們洗去業障，我們的淚水、鼻水、汗水、雨水真的全融在一起。在台灣，有可能因為下雨就不想出門，更何況，在雨中還要行跪拜禮！那是很難得的經驗，我們一生就這麼一次，也把我們心靈洗得很乾淨！

我們雖然是小小的一年愛班，可是，菩薩希望在這個團體裡面的人都要心思單純、清淨，都要乖，都是人間很重要的一顆心靈種子，你們未來，都可以去幫人家的忙，都可以算是菩薩的化身。

觀音心法功課

【學習功課】

洛迦山朝聖結束之後，進行了一次考試，小組分享討論、做功課，用觀音心法所學的完成考題。每個人都可以提供自己個人的意見，最後，再完整的融合、統整，是很重要的，因為你必須要捨棄掉自己的主觀，接受別人的意見，然後，再融合彼此更好的想法，整合一下總論，小組「共生共心」。

走生活，不走道理，不寫千篇一律的大道理，你可以舉最實際的生活例子，然後，把它運用到心坎裡。

★念中有佛，心中有佛，佛開心，心開佛，蓮心如淨，淨生得蓮，心證慈悲，觀音法門之於汝心，何行而正？

★善念，善行，諸善奉行，杜絕惡心，如何掌握心念？從觀音心法中，體察善心善念根基於何？

★聲而聞，聞其音聲，救其苦，菩薩如何聞聲救苦，真？否？何啟菩薩之連結？何為觀音心法？

★心啟念，行啟身，寬了心，起了念，「起信於心」，觀音行，何為？

★釋義「南無大慈大悲救苦救難觀世音菩薩」？聞聲救苦，何解？如何成為利他之人？

★聲聲念念觀音心，步步而起觀音行，悲智生慧，何解？

★論心，論經，耳根圓通何法？何解？觀音心咒，圓通法門，如何做起？

★覺心，而有警覺；察起，而有覺察，啟於意識知曉，警示於心。如何了解自己？有何好處？

★觀音心法，何為重？至何心？唯唯在心，念念生慈，心心生悲，何解？

★體察他人，生基於生，展於心正，啟於心念，念正心直，何解？從觀音心法角度，做起如何？

★不語，聞音內省，深入己心。何為而啟觀音心法？善而內，行而外，何解？

★渡，可渡。善，可善。念，可念。行。真。

★普門品中，普於眾生心中，如何與菩薩相應？

★空性為何？心經中照見五蘊皆空，為觀音心法其中一法？如何聞法見空性？

★善，妙，智，悲，喜，捨，離，放，何為生活觀音法門應行之態度？

【寫給菩薩一封信】

菩薩說，過去都是菩薩給你們一段話，現在，請你們每個人寫一封信給菩薩，包括告訴菩薩你這一世的改變，或者你有什麼想寫給菩薩的，都可以。

我們很幸運可以在普陀山海灘上，希望菩薩把我們的苦都帶走，不管你有沒有機會可以讓所有的苦都帶走，但至少你可以寫一封信給菩薩，深深切切的請求菩薩，讓我們的人生可以好過一點，我們願意盡力。

也許，你現在有一點年紀了；也許，你現在還年輕，未來的路還很長，但好好地去運用我們跟菩薩近距離做一次溝通的機會，好好的寫這封信，讓菩薩知道你是怎麼樣的一個人。也許，會有脾氣不好的時候；也許，會有懶惰、偷懶、什麼事情都不想做的時候，讓菩薩了解你為什麼你會這麼想，也請求菩薩給予你化解困境的機會，不要讓你受這麼多的苦。

讓自己靜下來，寫給菩薩一封信。

如果可以的話，集合你們的小組成員，一起分享。幾個朋友們一起聚會、聊天，菩薩說沒有問題，但可以盡量做分享，會比較好。因為做分享，可以當作是你們在做一個新的功德，可以用你自身的經驗，分享給你旁邊的人。

你們在寫好給菩薩的一封信之後，大家可以有個小組聚會，每個人輪流唸自己寫給菩薩的一封信。

寫完後，一定要做分享，會對你們比較好，因為可以聽見別人的需要，以及想對菩薩說的話。

我們已經在洛迦山做清理，滅我們的貪瞋癡，當別人在唸的時候，我們只有同理心，沒有批評，當我們聽到別人的祕密時，我們也要覺得很高興：「我是他的好朋友，我是他的另外一個家人，我可以跟他在這邊坐著一起聽他的心事」，我們聽的跟菩薩聽的一樣，我們何其有幸！不要批評，不要起貪瞋癡，否則，不是又開始了嗎？

給菩薩的一封信，要用心寫。

菩薩說，給菩薩一封信，如果只是隨便寫一寫、敷衍過去的話，那就不是你真心的話，菩薩就不收了！

所以，大家都要用心寫那封信，因為那封信可以跟菩薩相應，如果你心裡面有什麼苦，都可以跟菩薩講，或有什麼祕密想要跟菩薩說的，都可以寫下來，你想把給菩薩的信唸給菩薩聽也可以。

【實踐觀音心法】

1.寫一篇文章，是關於你回去台灣之後，你要如何實踐觀音心法，如何把觀音心法用在生活當中，除了幫助你自己，也幫助別人？

2.寫給自己一封信：寫出十件你覺得過去的你常做的、一直都沒辦法改的，而且是你本來就認定這些是不好的事情，並承諾你不會再做這些事情。必須具體舉出十件。

你承諾的十件事情，是你本來就會做，但不應該做的，現在開始，你要告訴自己，你發誓這十件事情不會再做。

過去的你常常會做的事情，譬如常常罵爸媽、常常不耐煩、常常遷怒另一半、常常偷懶。你要徹頭徹尾的改變，就必須真的做改變。

我們既然承諾了，我們重生了，我們有新的生活，我們真的要好好照顧自己的身心。少喝含糖飲料，盡量少外食，因為很多食物又油又鹹，也少吃肉，因食安的問題，我們的食物已愈來愈不健康了，所以，一定要透過運動，來代謝出不好的東西來。大家真的要保持運動的好習慣！生命能夠延續，才能好好的享福。

這十件之前做過、從此以後再也不能做的事情，也包含了要鼓勵你自己、惕勵自己、承諾自己、警惕自己不能再做的事，要成為更好的自己。

承諾自己不會再做的事，承諾就是等於發誓，一旦再犯了，你就對不起你自己，就枉費了來學習。

菩薩提醒大家：「不要輕易地放棄已經更好的你，也不要輕易地走回頭路。」你的每一個記錄，都要誠實的面對你自己。你有承諾過了，等於你是對菩薩發誓。你對菩薩發了誓，但又再犯，那個罪是會加重的。

【結 業】

此行的最後一天，菩薩將天氣控制得很好，一直到我們整個過關、發完結業證書、回到車上後才開始下雨，所以，菩薩其實很照顧我們。我們在不肯去觀音院海邊的時候，菩薩就到了，我在給大家結業禮物時，看到另一邊的天空，有三寶佛到來，因為我很認真的在辦事，沒有時間細看，事後，我從其他同學陸陸續續所拍的照片裡，看到普賢菩薩和其他菩薩也來了，後來，我跟觀世音菩薩確認，菩薩說，那天確實有很多菩薩來看我們的結業典禮。在我們要離開時，佛菩薩祂們在那個當下，在我們身上灑了很多的金光，那個金光有很多的祝福，包括三寶佛也給予我們金色光芒，給予我們最強烈的祝福。

你在身上，有很多金色的祝福，回去要跟家人多抱抱，家人才是我們真正的寶，因為家人才是這輩子對你不離不棄的人。

為什麼我們一年愛班這麼幸運？怎麼這個菩薩對我們很好，那個菩薩也對我們很好？神界就是這樣，會傳來傳去，祂們的資訊比我們還要發達，傳遞的速度也比我們想像的還要快。

一年愛班一直維持著單純、善良、天真的那一面，我們很善良，沒有什麼心機，與人真心交往，我們都只堅持做好自己的本分，所以，我們是一群菩薩一直在保護的人。

其實，不管你是不是一年愛班的，你的委屈、你的苦，菩薩都會知道，菩薩也都聽見了，只要你是善良的，你有什麼問題，很多神明可能都會幫助你。

這次我來普陀山，被大家的精進嚇到了！菩薩給我們這樣學習的機會，開一堂課，大家很願意來上課，也很珍惜，最多收穫的一定是你們。

現代的人除了追求名利之外，真的很少人會願意花時間、花金錢、花精力在學習上，現代人去學習一件東西，多半是希望可以得到證書、升官、發財的機會，甚至於可以用這個常識或證照去賺取更多的錢財。

你們拿到的結業證書，沒有辦法幫你發財，但是可以讓你受用，至少可以讓你身邊的人感到幸福。你們可以從自己的生活做起，來幫助更多的人。

你們的上進心和精進心，不會因為此行結束了就結束，因為後續的功課是一輩子的，我們希望此行的精神都在。

菩薩祝福：「觀音法門，存乎汝心。觀音菩薩，與汝同心。一生平安，一生守護。一生自在，此生圓滿。」

觀音法門

我們準備上觀音法門和觀音心法。普陀山行程，有很多的學習課是與「心」有關的，很多都在自己內心裡面，包含自己所有的感受、所有的成就、所有的對與不對，能不能看透、能不能看盡，其實都在自己的心裡面。

觀音法門最重要的有七個大法：楞嚴經的耳根圓通法門、心經、普門品、六字大明咒、《白衣大士神咒》、《延命十句觀音經》、大悲咒。

觀音心法是由觀音法門抽離出來的，是菩薩單獨幫大家上的。普世來說，觀音法門有七項，但觀音心法是菩薩抽離出來，專門是走「心」的，是專為想要修心的人所抽離出來的一門課程，我們是專門來修觀音心法的。

所以，我們不用也不需上到觀音法門的其他部分，因為有很多部分，我們都已經上過了。

【「耳根圓通」法門】

觀音法門中的第一種是楞嚴經中的「耳根圓通」法門。

洛迦山圓通禪院裡面的主神一樣是觀世音菩薩，該寺之所以稱做圓通禪院，正是來自於楞嚴經中的「耳根圓通」法門。

「耳根圓通」法門其實就是用耳朵聽，聽見什麼？聽外在的聲音，聽內在的聲音；而「耳根圓通」法門最重要的精髓就是「聞聲救苦」，這也是「耳根圓通」法門的由來。楞嚴經中的「耳根圓通」法門，內修「緣修智慧」，讓我們的心能夠沉靜下來、沉澱下來，清淨覺悟，而得解脫。所以，這是一個自利的方法，「耳根圓通」法門是一種能夠幫助自己的法門，就是內修智慧，然後淨覺解脫；「耳根圓通」的外法就是普門示現，觀世音菩薩示現，悲濟救拔，這是利他的方法，這是觀音法門外法。所以「耳根圓通」法門有自利，也有利他，有內法，也有外法。

楞嚴經中的「耳根圓通」法門，就是告訴你耳根遠湛，聞聲救苦。所以，「耳根圓通」法門的重點就在於聞聲救苦。

「耳根圓通」法門最重要的精髓就是「聞聲救苦」。這個「聞」字，不僅僅來自於外在的聲音，還非常重視內在的心意，以及內在的心聲。

所謂「聞聲救苦」，「苦」的聲音，「樂」的聲音，「悲」的聲音，「喜」的聲音，都是你內在、外在都要聽到的，這就是「聞聲救苦」，是觀世音菩薩觀音法門中的觀音心法。

【般若波羅蜜多心經】

之前我們已上過心經，見《身歸靈心歸零》一書。

心經當中的「照見五蘊皆空」，這個「皆空」的意涵最主要的就是在講「性空」的問題，也就是指我們的「天性」及「本性」要空，所以，觀音法門中的第二部重要經典就是心經，其中的精髓就是「照見五蘊皆空」法門。

講到心經的照見五蘊皆空，這個空性，是為了要教你放下萬法萬緣，什麼都放下。如果你真的成為一個空性的人，任何法都不能局限於你，所以，你不會糾正他人說：「這樣做不對，因為菩薩說不可以這樣做」；你會告訴自己不要這樣做，但如果他人選擇這樣做，還是尊重人家。所以，空性就是放下萬法萬緣，因緣的生滅都能看得清，看得開。你的自性本空，自己的本性本來就空的。

就像你清理了自己因果之後，你自己就是空的，要增加善緣，去除惡緣。如果沒珍惜這次清理的機會，無意之中，增加貪瞋癡，也都是你自做決定的。

自性本空，本來就空的。世間萬物沒有一樣東西是不變、不滅的，沒有一樣東西是永恆的，沒有一樣東西是不會毀壞的。

所以，盡可能地放空，放下這些萬緣萬物，放空就不會著重在外相。

我們常說「空相」。空相，放下了這些事物，放下人事物的外相，其他都不重要了。所以，菩薩常常說不要太在意外相，外相其實都是空的，你要追求的也不是外相。

【觀世音菩薩普門品】

我們之前已上過普門品，見《念轉運就轉17：覺察生命的修行力》一書。

觀世音菩薩普門品是觀音心法當中非常重要的一部經典，講述著觀世音菩薩如何神通廣大，你只要一呼請「南無觀世音菩薩」，菩薩就會讓好運成真，讓好行成行（你的好的行為就能夠真正的去執行），讓所有你需要觀世音菩薩給予你立即協助的，達到聞聲救苦、菩薩立現的狀態。

一心持誦普品門，菩薩即能聞聲救苦，就算是五逆十惡，重大的罪業也能回轉，也能成為未來佛。我們都學習佛的思想，努力成為更好的自己。持誦觀世音菩薩的聖號，可以化解一切的苦厄，可以讓業報所受的苦立即消散。

菩薩是神通廣大的，而且普渡、普救無邊無際的眾生，只要稱唸南無觀世音菩薩聖號，馬上就能感應的；所以，我一直不斷地告訴大家要稱唸「恭請南無觀世音菩薩」九次，菩薩一定可以聽見你所說的，這是千真萬確的；有事時就恭請菩薩，真的非常有效、有用。你所有的心事，都可以跟菩薩講。

【六字大明咒】

也就是六字真言，我們之前已上過了。

觀世音菩薩聖號，即為心法；六字大明咒（嗡嘛呢唄美吽），即為觀世音菩薩心咒。只要稱唸「南無觀世音菩薩」，或者是稱唸「嗡嘛呢唄美吽」，即可讓我們去除所受的災厄，業報受苦即應消散。因為與菩薩相應，所以，我們可以得到立即的幫忙，獲得解救。

【《白衣大士神咒》】

「南無大慈大悲救苦救難廣大靈感觀世音菩薩摩訶薩（三稱三拜）

南無佛，南無法，南無僧，南無救苦救難觀世音菩薩。

怛垤哆，唵，伽囉伐哆，伽囉伐哆，伽訶伐哆，囉伽伐哆，囉伽伐哆，娑婆訶。

天羅神，地羅神，人離難，難離身，一切災殃化為塵。

南無摩訶般若波羅蜜！」

《白衣大士神咒》其實沒有很長，期望給大家的，就是希望大家多稱唸，通常唸一百零八次，會有不可思議的效果，發生不可思議的奇蹟。

很多人在唸《白衣大士神咒》的時候，是可以期望消除因果業障的。

為什麼我們走觀音心法可以消除因果業障？《白衣大士神咒》是一個很重要的關鍵，是因為《白衣大士神咒》是真的專門用來消除因果業障的，所以，有的人是專門在持《白衣大士神咒》的，他每天都唸一百零八遍以上，每一百零八遍畫一個圈圈來計數，如此一直一直唸，這對他們來說，是真的很相信很有消除因果業障的作用，可以慢慢慢慢的消除。

【《延命十句觀音經》】

「觀世音，南無佛，與佛有因，與佛有緣，佛法相緣，常樂我淨。

朝念觀世音，暮念觀世音，念念從心起，念念不離心。」

為什麼會說觀世音是南無佛？觀世音菩薩其實已經成佛了，只是祂不捨眾生一直不斷地在人世間受苦，所以祂居菩薩位，一直不斷的在人間拔苦、救濟大眾。祂其實已經是列位佛了，所以，我們又稱觀世音菩薩為觀音佛祖。

現在，西方極樂世界是阿彌陀佛，如果阿彌陀佛退位了，就由南無觀世音菩薩繼位，觀世音菩薩就主繼在西方極樂世界，主為佛，所以才會說「觀世音，南無佛」，祂就是一尊佛了。

與佛有因、與佛有緣，我們跟菩薩有著佛緣。

常樂我淨，就是當人一直都感覺到平靜快樂的時候，其實，所有的不好的，都會歸為平靜、乾淨與淨化了。

《延命十句觀音經》裡面，有非常重要的「朝念觀世音，暮念觀世音，念念從心起，念念不離心」，是因為只要常常稱唸觀世音菩薩，跟菩薩相應，你就會得到菩薩最多的幫助，因為菩薩最了解你。

觀音法門第五個是《白衣大士神咒》，第六個是《延命十句觀音經》，兩者都是消除業障的，兩個作用都是一樣的。

在觀音心法七個法門裡面，《白衣大士神咒》跟《延命十句觀音經》這兩部，都是可以消災延命、消除業障的。所以，很多修行人天天只持這兩部經文，或是單一部經文，也就是有的人只持《延命十句觀音經》，有的人只持《白衣大士神咒》。

業障重的人，可以多唸《《延命十句觀音經》》和《《白衣大士神咒》》，可以幫你去除長期累積下來的業障。

【大悲咒】

第七個就是我們最熟悉的《大悲咒》，大悲咒是《大悲心陀羅尼經》的主要部分。

你們應該非常清楚的知道，觀音法門有這七部法門的經典。

我們認識的有多少？基本上，我們除了楞嚴經之外，其他經文，我們都算是非常熟悉的。所以，我們來學習觀音法門時，是已經打好基礎了。

而且，在《念轉運就轉》系列的很多書籍裡，一直不斷的把觀音法門用最生活化的方式呈現出來。

有的人說：「老師，你的書愈寫愈難了，我真的覺得很難看得懂。」

所以，你要回去看以前的文章，以前的文章，真的是從基礎開始打起。

但有人反應說，以前的書買不到了，現在，我已盡可能地把一些比較難的部分，盡量口語化了，甚至於有時候，會從座談會裡直接擷取重點課程，把它彙整成一本書，讓大家一直不斷的重複學習某一些道理。

其實，有的道理在某一本書裡講過，另一本書裡也提過，之後，我又把它集結在一起，雖不是一模一樣的文字，但是，意義是相通的。意思就是告訴大家：觀音法門這種東西，有的時候，它就是一直在你的生活裡面打轉，不斷的在生活裡面舉例，從你最親近的人來考驗你，從你最親近的家人、朋友常常成為逆境菩薩來成就你。他們具有很大的作用！

【準提佛母心咒】

準提佛母其實就是觀世音菩薩，這只是西藏用語與中文用語的不同，這就像在西藏，菩薩的眼淚被稱為綠度母是一樣的。嚴格來說，觀音法門就是七種，若要再加一種的話，就是準提佛母心咒，也算觀音法門的其中一種，所以第八個法門就是準提佛母心咒。

同學問：「準提佛母其實就是觀音菩薩，準提咒也是觀音法門的第八法門，所以持誦準提咒，相應的也是觀世音菩薩嗎？」是的！

【觀音心相應】

觀音法門其實首重在「心」，觀音心法就是要推崇你的心，要能與菩薩常相應，從你的心裡面開始有了行為，因為你心中想要去做，所以，有了行為的產生；當有了行為的產生，你就會有意識，知道自己為什麼要做這件事情。

因為你想，所以你有了行動力；你有了意識，進而改變了自己的人生。所以，心念一轉動，的確可以改變你的人生，改變你的行為。

再來，追求觀音心法，最重要的就是我們的善心善行能夠感動天，能夠把善心善行付諸實現，那麼，在我們的行為及生活上，就能得到菩薩的護佑，就能夠得到菩薩給予我們的保護。我們也能成為護法，護持著觀音心法，護持著我們人生應該有的紀律，學習遵守我們人生當中應該有的心法。從現在開始，你應該非常清楚知道，有些事情你可以做，有些事情你不能做，因為我們都是護法，護持觀世音菩薩的觀音心法。

以上行為都是出於你的自願，而自願即為本願，我們自己所發的心願，自己所想的願望，即為自己最初衷的願望及心願。

現在要提到最重要的兩個字——「起信」，開始相信、執念相信、真實相信、一心相信、堅定相信的意思。任何人都不能夠因為任何事件而去除、消除你相信觀世音菩薩的這份心，這叫做「起信」。因為你已經相信了，一信到底；因為你相信了，你願意此生追隨觀世音菩薩。

但這並不是告訴你不可以去拜其他的神明，絕對沒有這回事，你相信觀世音菩薩，你相信眾神明，都是很好的。沒有人是專屬於哪一尊神佛而只能信祂，菩薩都不會這樣想。所以，你會聽到菩薩這樣說：「聖誕節時，你可以上教堂、聽聽聖樂，感受聖樂的那種歡喜及喜悅。」

在宗教信仰上，菩薩不會限制我們不能去哪裡，不能做什麼，你想要去道教，没關係；你想去鑽媽祖鑾轎底下，去拿金紙，都可以，菩薩不會限制你去參與其他宗教活動。

當你已起信於菩薩，就是相信菩薩，你具有足夠的信心，相信自己也能夠改變，那麼，起信於菩薩對你來說，就非常有意義了。

學習觀音心法最重要的就是要學習菩薩的慈悲，要學習日常生活中菩薩所給予我們的智慧，只要起信就能夠得救。而「起信」，就是堅定你的信念，讓佛法能夠深入你的生活，成為精神的寄託。所以，要常常稱唸「南無大慈大悲救苦救難廣大靈感觀世音菩薩」。

可以稱唸所有的聖號，都沒有關係，那都只是你當下的一種感覺。當你很苦的時候，我會建議稱唸觀世音菩薩聖號時，加上「南無大慈大悲救苦救難」這幾個字，表示你正處於緊急狀態之中，需要趕快求助菩薩。

【聞聲救苦，聞聲而定】

聞聲救苦當中，聽聞聽聞，聽聞聲救苦，聽到任何聲音要能夠入定。

所以，這幾天的過程當中，我們除了在洛迦山感覺到非常的安靜之外，在法雨寺做普佛、唸經時，或是在各大小寺院中看到人群、聽到聲音時，我們自己是不是能夠入定而不被影響？這很重要！因為當別人在說話，我們有時會受到干擾而聽不太清楚自己內心的聲音。

講到入定，我們都要學習入定的聽聞法，就是當你已經入定了，沉浸在自己內心的聲音當中，你不會在意別人在旁邊說了什麼，或你聽見了什麼。

所以在法雨寺，我告訴大家站在佛菩薩面前時，你可以聽到菩薩跟你說的那一段話，那個短暫時間就需入定的功夫，這時候，你不能被自己的聲音給淹沒。

「入定」就是聽到任何聲音都不回應，不去尋找聲音的源頭在哪裡，不去追隨別人說了什麼、講了什麼，完全不被影響。這是非常重要的觀音心法。

學習聽聞而入定，學習不回應、不回逆（不狡辯），學著不尋找根源（聲音從哪來的？誰說的？）；不追隨，不追隨一些是是非非，有些事情別人說的，你何必要追隨真相，你又不是當事者；再來，不被影響，不要輕易受到旁邊人事物的影響，因為你自己有絕對的判斷力。這是非常重要的觀音心法。

安靜或無靜，只要能入定，則是聲音到，景象自然看不見；只有聲音而看不見任何畫面。如果你已經入定了，只有聲音，看不見畫面，你不會被影響，所以也不要回應。罵不回應，甜言蜜語不回應，外在的聲音紛擾不被影響，也不語，都是真正的觀音心法。

學著用觀音心法安頓身心，讓你心靈自在；絕對可以用觀音心法除卻煩惱。

這幾天，觀音心法的學習，雖然沒有辦法讓你一次便完全入定，但一定可以讓你入淺定，入淺定。就是學習著剛剛所提到的不聽聞、不回應、不追隨、不去追究。

觀音心法幫助你除卻煩惱，入淺定，能夠開智慧，得圓通。

再來，慢慢地可以入深定了，就是「觀無聲之聲」，無聲之聲就是沒有聲音的聲音，有時候，你看旁邊的人明明就很難過，他沒掉眼淚，但他就心情不好，觀無聲之聲，他不需開口，你就知道他有委屈了，這就是觀無聲之聲，那就是更深入的定。

再深一點的入定就是「聞所聞盡」，能夠盡量聽就盡量聽，能夠聽聞所有，就盡力地吸收所有；再來就「盡聞不住」，聽到很多了，但是不會被你放在心上，不會因此住在你的心上，你不會罣礙；所以，當你該聽的都聽了，也不會讓你心中罣礙而放在心上。

這就是菩薩要教予我們的觀音法門及觀音心法，把最淺到最深的都告訴大家了。

【菩薩法相】

普陀山普濟寺中的菩薩是男相，是一尊男相的菩薩。菩薩有三十三種化身，但真正來說，菩薩有千百億種化身，不是只有那三十三種法相。

唐朝以前，觀世音菩薩的造相幾乎都是男相，因為那時候，比較需用男相觀音來給人威嚴的形象，而產生肅然起敬的感覺；但後來，觀世音菩薩的造相逐漸走向中性化的形象，直到後來跨越性別。

宋朝之後，所有的觀世音菩薩的造相幾乎都是女身了，因為那時，開始賦予觀世音菩薩媽媽的象徵，也有慈悲與溫柔的特點。所以，宋朝以後，所看到的送子觀音、魚籃觀音，或是其他觀世音菩薩的法相，大部分都是呈現女相的狀態，讓我們感覺到像是跟媽媽在說話，有一種很親切、很熟悉的感覺。這就是菩薩為了要示現眾生，為了要讓眾生親近菩薩，而在造相上有了轉化。因為神總給人遙不可及的感覺，為了要讓人親近菩薩，因此，幻化成我們最熟悉的媽媽感覺，那是最好的了，也最能夠讓人跟祂說話。

普門品中的觀世音菩薩，有千百億種的化身，而觀世音菩薩就是觀音佛祖，在過去早就已經成佛了，祂未來會繼承阿彌陀佛弘化願滿、弘化願滿；直到阿彌陀佛涅盤入滅之後，觀世音菩薩就會接替阿彌陀佛，在西方極樂世界成佛。所以，我們又稱觀世音菩薩為觀音佛祖。這是觀音法門中一定要了解的。

觀世音菩薩來到中原傳遞佛法的時候，第一個選擇的地方便是普陀山的洛迦山；所以當地才會有一句話說：「没到洛迦山，就不算到過普陀山。」

這一點是非常確實的，很多人到南海來朝聖，因為這就是觀世音菩薩的起源地。

【普陀山】

菩薩講了一段話，讓我非常感動。純粹的觀世音菩薩道場，全世界也只有普陀山。這裡是菩薩到了中原之後，要弘揚觀音法門的重要地方，要讓戶戶有觀世音，希望能照護到每一戶人家。所以，為了讓觀音法門在世間流傳，普陀山是一個非常重要的觀音道場。菩薩說普陀山道場有菩薩在，祂將繼續護持這個道場，不會讓這個道場受到破壞。

菩薩說，未來若有機緣，可以再來親近菩薩，那有可能是自己成行的。未來，若有機會，大家一樣可以相約來普陀山。

菩薩說了，未來也許有機會，你們可以自己成行到普陀山來，也可能有機會在菩薩的安排下，大家一起再到這裡來。

這麼多的菩薩信仰者，心裡依賴著普陀山，就像我們在普濟寺看到很多人帶著家中的菩薩回到普陀山，然後大聲歡呼，那時，菩薩真是開心，因為祂很難得看到有福建人是這麼地熱情。

福建人有一個習慣，就是每年把他們家中的觀世音菩薩從案桌上請下來，然後背在身上朝山、進香帶到普陀山，過香爐後，再帶回家中祈求平安，每年都如此做。

在普濟寺，我們看到他們穿著紅色衣服走在前面，非常地熱情，我想，他們是有人指導過的，因為菩薩最喜歡紅白兩色。

當我們在普濟寺內時，聽到他們在寺外非常開心的歡呼著，那是因為他們的指導老師有感應到菩薩真的很開心。

那個時候，菩薩又為我們身上所帶（戴）的物品再度加持了一次；所以，我們身上的物品在法雨寺及普濟寺都各被加持了一次。菩薩很開心，所以加持了很多東西。

雖然我們背著的東西很沉重，但回去之後，可以跟那麼多同學結緣，這份身上背的重擔，可以跟別人分享，無論多麼辛苦，也不管帶回去後拿到的人珍不珍惜，我都會覺得是我們的一份心意；就像我們有時候，會很急切地想要給大家很好的東西，我知道，未必每一個人都很珍惜，但我們的這份心意，真的很希望大家能夠收下來。

為何要跟大家結緣？也許大家戴了之後，幸福快樂之後，大家會想到當初結緣的這個物品。之後，轉送給別人也好，感念菩薩也好，這就串起了大家跟菩薩的緣分。

這些物品已經過普陀山菩薩的加持，非常感謝各位同學的身上背了這麼多的加持品，很堅毅的幫忙完成了加持，這過程真的很不容易，也很辛苦！

普陀山與菩薩對話

【問：幫助他人與妨礙他人間，如何拿捏？例如，有兩個親人在爭吵，我究竟該做些什麼來為他們調解？或者，其實我不該管他們，因為這是他們之間的課題，我如果管了，反而影響他們的課題？可是，他們又是我的親人，我又不能不管？但如果我管了，到底是幫助他們，或者是妨礙他們的課題？】

這分為兩個階段，第一階段先觀察，這是他們兩個人的事情，如果我介入了，能不能有所幫助？第一階段通常都要先觀察的；還有，不要輕易介入這些課題的原因在於每個人的感受不同；他們兩個人之所以起爭執，就是他們兩個的感受都不同，其中一人說他受傷了，但另外一人說：「對方才是傷害我的人。」所以，第一階段不介入，多觀察。

在第二階段，如果一定要介入的話，一定要用非常和緩的方式，而且雙方都要在場時才能介入，否則，永遠都不要介入，因為這些課題永遠要他們自己面對與成長。

基本上，有些人會很想要積極去了解到底發生什麼事，這時，就可能會撕破臉，因為你來問其中一人的時候，那個人就會問你：「是他要你來的啊？」但其實沒有，而是你自己主動介入；你再去問另外一個人時，另外一個人也會問你：「是他要你來的啊？」也不是。所以，裡外都不是人！

有時候，時間是最好的證明，就是放著給他們自己去經歷。

他們兩個人吵得不可開交、憤怒等種種情緒波動，都會在那個過程中循環下去，此時該怎麼辦？讓他們自己去經歷！

有時，人生是非常殘忍的，唯有自己親自去經歷過了，才能學到那個過程。

但不可否認的，在我們所上的觀音心法課程中提到，當一個人覺得他受傷了，就真的是受傷了，至少在主觀上，他的感受確實是如此。

面對其他人的吵架，最好的處理方式是不要介入，讓當事人用自己的智慧去解決；尤其，是當三個人、四個人、越多人吵架時，更不要去管。

在菩薩講到的觀音心法中有提到：不要回應，不要追隨，不要去了解，不要去追究答案在哪裡。

我們不是法官，不需要去了解到底誰對誰錯；例如，網路常有所謂的「正義魔人」，常急著要去找出答案，結果，答案往往是令人難堪的，為什麼？因為很多當事者其實都是受害者，但他們卻不發聲。

有時候，我也覺得自己非常委屈，例如，我曾經幫助過某個人，他後來在網路上寫了我很多不好聽的話，但其實，我不會跳出來解釋說我怎麼樣，因為我知道他一輩子都知道，他說的這些話，是對不起他自己。我根本不用在網路上去重申或讓對方難堪，因為他知道他所說的根本就不是事實，所以，就讓時間去證明吧！

【問：當身邊出現充滿負面能量的人，他的情緒很低潮、很過不去，剛好我們正跟隨著菩薩，又在學習觀音心法，我一開始都很希望能藉此幫助他，可是，他的負面能量強大到難以想像的程度，甚至會反過來影響到我自己，連帶我自己也開始消沉，反而也認同他是對的；有時很想放棄他，但又想到，這樣可能有違菩薩對我們的教導，請問，是否有不受他影響又可幫助到他的方法？或者是可以找到清理我們自己受他們影響而產生負面情緒的方法？】

首先，如果遇到負面能量強大到會影響自己的人，請先停止，不是遠離他們，而是先暫時停止，然後，清理自己受到感染的負面能量；例如，淋一場雨、洗個澡、或用鹽米除穢包泡澡，都是方法。

不要強求自己要在短時間內幫助、開導這個人，可以分次，今天開導不了他，明天還可以再開導，如果又不行，就回去再洗個澡清理負能量，隔天再開導他。我們可以做到時時關心他，盡可能的幫助到他，就算後來沒辦法再開導他了，仍要慢慢的讓他知道「你仍關心他」，有時候，影響是循序漸進的，對方可能需要透過長期的陪伴來養成「常保正能量的習慣」。我們可能無法天天陪伴他，但他也許還有其他人、其他菩薩可以來幫他，只要盡力就好，不要太過於強求。

請記得，我們是人，不是救世主，對方還是有自己的決定權，他選擇走上什麼樣的道路，都是他自己決定的，我們無須太過自責，只要告訴自己已經盡力就好。

【問：我們已經學會了觀音心法，我們也知道人必然會經歷生老病死，但很多時候，現實才是最令人痛苦的，我如何去了解他們的苦？】

是的！在實際生活當中，真正遇到的才是最讓人痛苦的，我告訴你們的，都只是一個大概範圍，都只是一個主題，真正在經歷生老病死的，都是大家自己的親身歷練，它沒有一個完整的故事可以來套用。

如何去了解他們的苦？

你不用刻意去了解，因為你會經歷，當經歷的時候，就是了解的時候。也許，你不用太早經歷，發生的時候，就是一種經歷了。

「有實際的方式能夠讓我們去幫助別人嗎？」

實際的方式，就是實際的生活，自會在生活當中，引導你用觀音心法去幫助那個人。

【問：修忍辱是要我們學會不去在意他人對我們說了什麼攻擊的話，但有時，這種攻擊的話是來自親近的家人，雖然，我試著告訴自己不要去在意，但心裡還是會一直想；因此，都會稱唸南無觀世音菩薩聖號或六字大明咒，藉此讓自己能平靜下來。但稱唸後，又會開始一直想，想說對方為何那樣說，然後，又會開始生起負面的情緒，胡思亂想。】

最親近你的人對你所說的話，往往是最嚴厲的，如果，你最親近且你認為是最了解你的人，說了一句最傷害你的話，你只要記得：「因為我跟他最親近，所以，他最能夠發洩的對象就是我了，他說的話這麼難聽，絕對不是有意的，因為他要把氣出在我的身上，所以，我不需要去在意他說話的內容，我只要記得我是可以讓他發洩的對象，都給我吧！」若能如此想，你就不會生氣了。雖然他的話很難聽，你只需要告訴自己：「我不需要去在意話的內容。」

我們若能了解，便能接受；很多事也是如此，若你能了解對方的個性，便能夠接受；若你能了解對方說這些話的理由及原因，便能夠接受。

【問：我們過去世的一些修行或智慧，是否能夠一直累積到下一世或未來世？如果會的話，為什麼我們從小開始，還是會經歷那種愚蠢的行為？】

會累積到來世！但我們不會一出生就開智慧，要透由後天的努力來開啟。

假設我們累世有這麼多的功德，有這麼多的智慧，有這麼多過去學習的經驗，為什麼不在我們一投胎的時候，就把這些東西全部拿出來用？

如果你一出生就開智慧的話，就是神童了，神童會經歷的過程又更不一樣了，你會發現，有很多天才小兒童一直不斷的被送到大學去、送到哪裡去，你的人生會整個不一樣。

可是，當你有這些累世的經驗，你到了這一世，仍照著人們正常學習人生的過程來慢慢學習，遇到挫折時，仍在學習今生今世應變的能力，才能喚起你的潛能、潛力。

在偶發的時刻，或在緊急的片段裡，你可能會想到可以這麼做，那其實都是上天賜予你的福德，所創造、激發出來的潛能與潛力。

有些人也會有這些自覺，譬如，他的過去世，在這方面有很多的學問、智識，到了這一世，他對這些東西就會特別的敏銳、敏感，也特別的能了解與學習，這對別人來說，或許很難，但對他來說，很容易。

譬如，有的人會覺得：「老師你怎麼天生手工就做得那麼好？不管做什麼都很好？」

可能在過去世、累世都學這些，所以，我學得比別人更快一些，但未必我不用學，我一樣要學，只是我有天生的潛能與潛力，在這方面，開發的速度可以比別人更快一些，或是我吸收的程度可以比別人更多、更好一些，但還是要經過琢磨。因為玉只要不琢磨，怎可能成為一塊好玉呢？

任何事情，就算你有天資、天賦，你還是要經過這些刻苦的過程，才會讓人學習到這些困境，也才能夠激發出你自己的潛力及過去的智慧。

一個成功的人，不可能是從未遇過挫折的，一定都是經歷了很多的苦痛，才能讓他們更好。

問：「如果不是知識方面，而是跟修行或是自己的為人處事方面有關，譬如，我昨天懺悔以前所做的一些錯的事、所造下的惡業，我們到了未來世之後，到底會不會記得住？還是有可能會繼續做同樣的事？」

有可能會因為你的個性，而一直不斷的在重複同樣的一件事。

譬如說，今天你已經消除了你的因果業障，可是因為你的個性不改，你之後還是在做同樣的事情，以致於你到後來還是習慣性的在做同樣的事情，不管累積多少世之後，你還在做一樣的事情。

所以，你要從現在就開始意識到「做這件事情是不可以的」，你要去改變它。你要去改變的，不是你外在的行為，而是你內在的靈魂，要告訴你自己不可以！

我們在累世所學習到的那些經驗或修行，能不能帶到下一世去？其實是可以的！所以有些人天生就有直覺，他可能與佛特別有緣，或在學習很多事情上特別的快速，這其實也是有相關的。

所以，我們常常講，累世的惡習、不好的習慣，這一世要修正。人能活在當下，絕對比過去跟未來還要來得重要。

【問：當發願來學習菩薩道時，如何一直維持初發心？因為我的脾氣一直不是很好，容易被挑起，一旦情緒被挑起後，便會亂講話，之後會後悔，然後又天天懺悔，這樣也不對。因此，如何一直維持初發心而不退轉？】

當你已經覺得這件事是不對的，且不能說、不能做的時候，當下的意識就要告訴自己：「我又來了！」本來就不可讓自己的情緒高過自己的理智。如果你是一個這樣的人，在說話之前或當下，你就要開始學習著：「我又要開始那樣了，我不對！」有一種方法就是捏自己，再告訴自己或警惕自己：「我又來了，不可以這樣子。」

告訴自己，在憤怒情緒的當下，所要做的那件事是不對的。

你必須用自己的意識控制自己不能做，不要為自己找藉口。

你如果在事後感到非常的後悔，再又日日懺悔，那麼，你就不要讓自己有懺悔的機會。

至於如何一直維持初發心？如果你是善良的，如果你是慈悲的，你的口就不會說出這樣的話。所以，要控制自己，不然，身邊的人都痛苦。

有的人會說：「我就是脾氣不好。」這不是理由，更不能當作是別人要原諒你的藉口。

【問：我們人一生當中有很多痛苦的經歷，有時，自以為已經放下了，但只是在表面上過去了，不滿的情緒及痛苦其實還埋藏在內心底下，沒有真的放下。我們到底要如何清空潛藏在內心的那些不滿情緒及痛苦，重新再來，而不讓這些情緒及痛苦再出現在以後的人生？】

菩薩說：「不去想。過去的就已經是過去了，要放下來，告訴自己不要再去回想了。」我們要做的真正清理是：真真實實去面對過一次，回想過一次，就過了。可以在回想的當下，確認自己有沒有錯？有錯，就懺悔反省；没錯，就放下往前走。

懺悔過之後，便要學習放下，不去想了。因為再想，這件事也不會重頭再來，還不如把所有的精力都放在未來，好好的把事情做好。

對於已經發生過的遺憾，已經發生過而來不及彌補的，就是放下、不去想，把未來做得更好，不致於傷害到其他人，這才是重點。

【問：當家人有緊急重病時，家中的其他人會分成兩派：一派主張要救，另一派主張不救。最後的決定如果是要救，會讓那位病人臥床很久，那麼，做此決定的人會因此而背負因果業力嗎？若家人在意識清楚時說要急救，那麼，當緊急病危的時候，其他家人該如何做才是最好的？】

第一個問題所提到的重點是，如果因為某一些家人做出的決定，而讓那位重病患者躺在病床的時間拖得更久，那麼，那位做出決定的家人有沒有罪業及因果？

菩薩會體諒做出這個決定的人，他們在做出選擇的當下，一定是自認最適切的；他們所做的決定，一定是基於對這個醫療體系的了解及認知，以及基於對這位重病者的幫助程度，在當下，一定做了最好的決定，因為做醫療決定的家人一定不會去害這個重病的家人，所以我們可以知道，在這個決定的當下，這位決定者一定認為，這結果對這位病患來說，一定是最好的。

但這決定，最後到底能不能幫助到病患？

有時，這是這個病患必須要經歷的一段過程，讓他的家人看見他受到這麼多的苦，到最後才決定放棄急救，而當初做這個決定的人，會懊悔當初不該做此決定，而讓病患受到這麼多的苦；也因此造就了一個學習的機會，未來，一旦有家屬生病了，他們會比較容易放手。

以我自己的親戚為例，他家中有長輩身染重病，周邊親人有些一直堅持要救，但也有親戚認為已經是末期了，再救也是徒增那位長輩的痛苦而已，但主張要救的親人仍然堅持，半年來不斷的打針施救，花了數百萬，只要有延續長輩生命的機會，就持續打針施救，但那位長輩很痛苦，要求親人們盡快讓他走，但家人不捨，仍然堅持無論花多少錢都要救，因此，那位長輩繼續承受治療過程中的痛苦，最後，仍是痛苦離世了。

到了我自己父親也身染重病時，我那位親戚以他自身的經歷告訴我說，他不願看到我父親也承受如同他那位長輩一樣的痛苦。我的父親是罹癌末期，加上失智，到最後，已停止進食，然後在睡夢中離世了。

有時候，這些生病受苦的家人們，其實就是我們生活當中的活體菩薩，真正的用他們的生活來教導我們認識生命的課題。所以，我們會逐漸學會放下，讓他們好走。看多了生死之後，最後只有一個重點：一個人能夠好走、圓滿就好。這就是人生最大的意義跟解脫。

【問：人在往生時，我們通常會幫往生者做藥懺，藥懺真的能修復往生者的靈魂嗎？】

真正的藥懺的確是可以修復往生者的靈魂，但要視藥懺持經人的功德夠不夠大。其實，做藥懺最好的持經人是家人、親人。不一定要做一套完整的梁皇寶懺，或做一套完整的藥師懺。只要很完整的替往生者持誦一部藥師琉璃光如來本願功德經，一直不斷的稱誦「南無阿彌陀佛」，往生者就能放下罣礙。

罣礙包含自己的生老病死，包含自己往生時的病痛。往生者若因親人的持誦而放下，往生者自己也覺得好好的，又何需做藥懺。

以我的父親為例，他臨終前無法走路，往生後他都好好的，一樣還是可以走，所以，我不用擔心他，我及親人也都沒幫他做藥懺，我們親人就是唸經、做功德給他，就這樣子而已。所以，家人及親屬的力量才是最大的。

【問：聽說有些好兄弟會去找比較有功德或看得到的人，以尋求幫助；對於有敏感體質的人，要如何護身？我們身上有菩薩加持的無量光，似乎會吸引祂們，我個人就經歷過，曾有好兄弟捏我、握住我有無量光的部位，我該如何？】

好兄弟握你的無量光是沒效的，是你握自己的無量光才有效力，好兄弟可能只是想握看看而已。

有菩薩加持無量光或大悲念力金光的同學，較有福德的好兄弟是會知道的，但較有水準的好兄弟是不會來碰你的；但有些好兄弟是有求於你，需要尋求你的協助，無論是否能幫得到祂，你的心態如果都是勇敢的、堅定的，祂們就動不了你。

例如，祂知道你有無量光而來找你，你心裡就回應：「我幫不了忙，先去求菩薩吧！我引領你去求菩薩，或是我帶領你認識菩薩。」

如果你要唸經文迴向給祂，也可以，最重要的是你不能害怕。

【問：我們現在已有各種為他人祈福的方式，如：菩提花、無量光、大悲念力金光。這三種祈福方式的力量有什麼樣的區別？什麼的情況適用什麼樣的方式？】

因為不是每位同學都有菩提花，且菩提花的種類及應用方法都不相同，加上只有之前參加日本行的同學才知道，所以，請參加過日本行的同學去查看當初筆記所做的解釋。

至於「無量光」部分，無量光是加持在左手上，大多是帶給被祈福者光、熱及圓滿，可以修復、祈求他人身體健康；使用無量光的主要目的大多是給予他人祝福及修復；大部分都使用在治療上、祝福上，以及祈求上。

「大悲念力金光」是集合念力之總成，所有想用念力完成的，統統都可以使用「大悲念力金光」。

所以是循序漸進的，較輕微或較簡單的事，可以用菩提花；中等的事情，要為他人祈福的，或要為發生在別人身上的事祈福的，就用「無量光」；而菩薩在此次普陀山行程裡，加持在大家的祈願卡上的「大悲念力金光」是能量最強的。

所以拿到菩薩加持過的「普陀山大悲念力金光祈願卡」後，每個人都可以握在掌心上面，雙手合十，握住大悲念力金光祈願卡，稱唸：「恭請南無大慈大悲觀世音菩薩，大悲念力金光助我渡過一切難關！」

可以用在任何的祈願上，大悲念力金光的能量是最強、最好用的，因此，最緊急的事情，或最需要被祈願、祈福的，就用「普陀山大悲念力金光祈願卡」，要發自內心，深深地為他人祈福。使用時，要掌心合十，能量才能向外釋放。

有人問：「像我們有誦早課或晚課的習慣，都會合掌唸經，是不是在那當下也可以啟動『大悲念力金光』？」

是的，當我們合掌唸經祈福時，將「普陀山大悲念力金光祈願卡」夾在掌中持誦經文，一樣有增強迴向功德的效果。

但這並非意謂著給與殊榮，當菩薩賜予的力量愈強，也代表著我們所承擔的責任愈重。菩薩希望大家能為更多人祈福，幫助更多人，做更多好事。

可以確定的是，使用「大悲念力金光」的念力是最強大的。

此外，要強調的一個重點是：我們的念力都是從眉心發射出去的。眉心要如何發出強大的力量呢？當我們雙手合十，還是要透過我們的腦波，集中念力給予他人最深的祝福；閉上眼睛，集中於眉心所給予的念力是最強的。

雙手合掌只是為了要加強我們的心念，讓我們定下來，然後再藉由眉心發射出去，以達到念力電波最強的狀態。

絕對要相信人是有超能力的。

為自己做一個清理

每一個人都很想要除去自己的業障。這個功課是為了要消除你的業障，消除你這輩子從小到大所犯的錯誤，讓你在此生還在世時可以來得及做彌補。

人生當中，有很多時候，尤其在我們年少無知時，一定多少都曾經犯了錯，這件事情可能沒有被原諒，或者，這件事情在這輩子都深藏在你的心裡，不曾說出來過。

你有沒有勇氣去面對從小到大所犯下的錯誤？人通常在什麼時候才會檢視自己的人生？當你往生了之後，要被帶去因果清算時，才會在判官那裡開始一條一條的檢視。

你現在有機會在你還沒往生之前，就可以做這件事情。

如果可以的話，現在為你自己做一個非常有意義的功課，叫「回顧與懺悔」，這是你還來得及做的功課，對於你自己，這個功德是非常大的，比你捐了多少錢都還要來得好，因為你對你自己負責，你對於你自己人生所曾經犯下的過錯給予懺悔，並祈求菩薩能夠作主，希望對方能夠原諒你。

從今天開始，你可以在家裡找時間做功課，靜靜的，把你從小到大，從你有了記憶開始，把記得的每一件懺悔的事情寫下來，包含你覺得做不對的、想懺悔的、你對不起了誰、你知道你應該要改變的，或是你覺得你想要做一些改變的，用條列的方式一件一件的把它寫下來，檢視自己的人生，你只要想到了就可以寫，把它列舉出來，然後一一懺悔。

你不用給別人看，你只需要面對你自己就好。

請你去檢視從小到大的自己，你的心要沉靜，對自己曾經做過的事情，要非常仔細的去檢視，你真的要誠心！

如果你想做這件事情，你是發自內心真正願意懺悔的，請你從今天開始，就務必開啟第一條功課，你至少先寫第一項。

可以的話，今天就開啟功課，然後在超渡法會那天，把你所寫的懺悔本子帶到現場來，請求菩薩在法會的當下為你作主，幫你去除掉你個人的因果業障。

你條列了從出生、自有記憶以來到現在的所有要懺悔的內容，因為你真的懺悔了，每一條可以逐一被菩薩確認，然後逐一去除掉你在每一條當中所犯下的罪業，讓你的人生歸零，新的人生重新開始。

法會可以來的，請把懺悔冊子帶來，這比你的祈願文更重要！你靜下來後，所寫下來的每一件事情，藉由文字，以及深深的懺悔心，可以把你從小到大曾經所犯的錯一一消除，是一個事件、一個事件的消除。

這一世的造業，你若願意懺悔的話，現在就開始寫下來，待法會那一天，帶著你所條列出的懺悔事項，在諸佛菩薩面前，一一的做一個懺悔與清除。

你未來的人生路途，若少了一些業障，少了一些冤親債主，會好走一些，也會順利一些。

【法會沒辦法來的人】

如果你願意這麼寫，但是法會沒辦法來，就自己找一間觀音廟，只要有觀音的道場，都可以這麼做。

你可以到觀音寺，在稟報的時候要跪下來，稟報完之後，你去請筊、拿筊，並跪著擲筊，要有連續三個聖筊，代表了有菩薩作主，幫你去除掉你所寫下並懺悔的這一世業障。

●**步驟1：**

菩薩說，也許你可以花一個月的時間把懺悔寫完了，然後再給自己一個禮拜的寬限時間，把忘記的、遺忘的再把它補充上去、插進去。

●**步驟2：**

然後，找一間安靜、覺得磁場很好的觀音廟來稟報。把懺悔功課都寫好了之後，帶去寺廟裡面，跪拜下來，開始稟報你所寫的，一次稟報完畢。

稟報的時候要跪著，開始講：「我叫什麼名字，住在哪裡，我的生辰八字是……」，然後，就開始條列式的逐一稟報。稟報多久，就要跪多久。

●步驟3：

跪下來稟報完之後，去拿筊，請求菩薩作主，幫你去除掉你人生這之前的業障：「我深深懺悔，並請求菩薩能夠作主，幫我去除掉以上我所講的這些業障。」然後，跪著請求連續三個聖筊，只有一次機會，第一次就要連續三個聖筊，才表示你完成了。

●步驟4：

第一次沒連三個聖筊，就表示沒有完成。怎麼辦？

回家再繼續寫，再把你寫的那些仔細的看一看，你真的有真心誠意的懺悔嗎？

【提　醒】

●如果你真的有真心誠意的懺悔，你不管是在寫的當下、稟報的當下，你一定有感覺：「我真的對於這件事情覺得很對不起對方」，這樣才有懺悔力、才有去除業障的可能。

而不是很冷的：「我在六歲的時候，踢了某同學一腳，對不起喔！」我想這不是真正的懺悔。

應該是要對此事真正的、深深的懺悔，這個懺悔力跟消除業障的動作，才會被啟動，否則，只是光滴兩滴眼淚不算什麼！

你要對自己曾經所犯下的這個錯誤行為，真的深深懺悔，菩薩會在那個被你傷害的人身上進行另外一個彌補的動作，也許淡忘了這個記憶，也許修補了心靈的傷痛，也許他得到了更好的，因此就忘記了你曾經對他造成的傷害。所以，在進行完整的清除時，菩薩會給予另外一方安撫與修復的動作，你不用擔心！

●能不能完全的消除，消除到像重生一樣？我沒辦法保證，但我相信，只要你有那個心，你絕對可以！

●只有你記得寫下的，菩薩才會逐一去除、清除業障。所以，你必須把這個功課做大一點！把想懺悔的事，將細節完整的寫好。（你沒想到的，就不能清除。想到但沒寫下的，菩薩也不清除。）

●菩薩只消除這一世你有寫下的，沒有辦法幫你去除掉前世的，因為前世的已經發生了。前世造的業，要看你這一世做的如何？能不能夠為你自己努力？所以，請你這一世好好的努力！

●想不想這樣做，無所謂。

也許你不相信業障，或是你覺得：「本人沒有業障！」或是你覺得：「我沒有能力做這樣的事情，因為我不想面對我自己」，就不要做。

菩薩提供了這樣的機會，如果你連這樣的機會都不想、連寫都不願意的話，菩薩也沒有辦法幫到你。

●如果你覺得有這樣的機會提供給你，你可以做這件事情，你願意珍惜這機會，當然很好！

如果你真的很想有機會可以這樣做，你真的願意做這樣的功課，你覺得你願意花時間去面對真實自己，那麼，菩薩現在提供這個機會給你，你今天一定要開啟第一個懺悔的功課！

靠你自己的念力，靠你自己的懺悔心，幫一下你自己，至少，你可以讓你的人生不用背負太多的業障，未來的人生道路可以更順利的走下去。

啟程

▲啟程普陀山

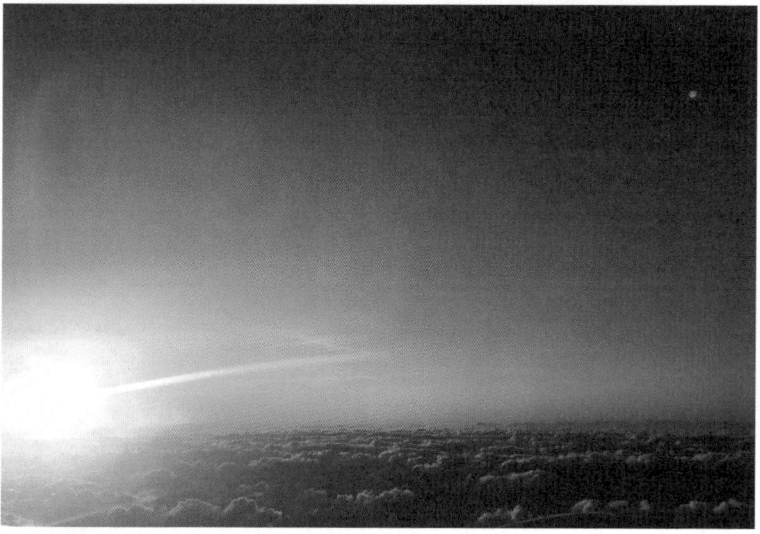

▲菩薩陪伴

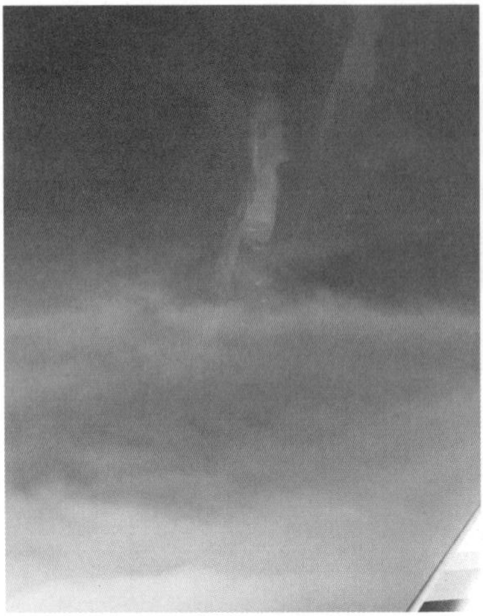

▲觀世音菩薩與韋馱菩薩陪伴

▲菩薩示現在飛機右側

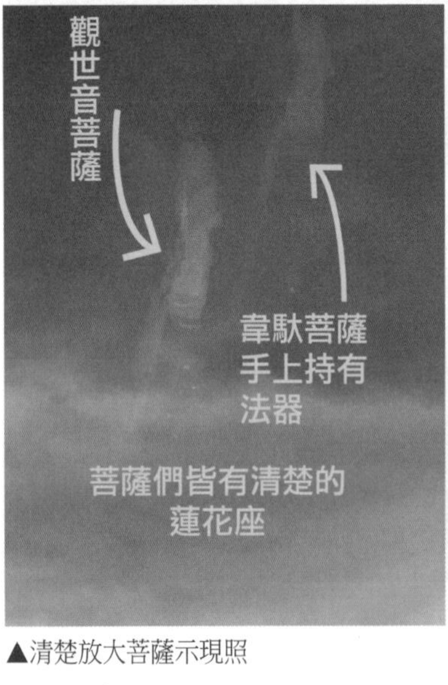

▲清楚放大菩薩示現照

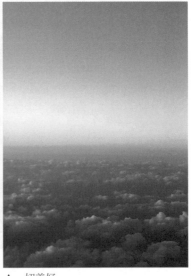

▲一切美好

▲搭乘渡輪到達洛迦山下船處

▲海天佛國

洛迦山

▲洛迦山

▲壁上菩薩像

▲跳脫苦海唯心靜

▲五百羅漢塔

▲大家虔誠繞塔

▲壁上飛天仙女

▲飛天仙女

▲洛迦名山

▲前往圓通禪寺

▲清淨修行地

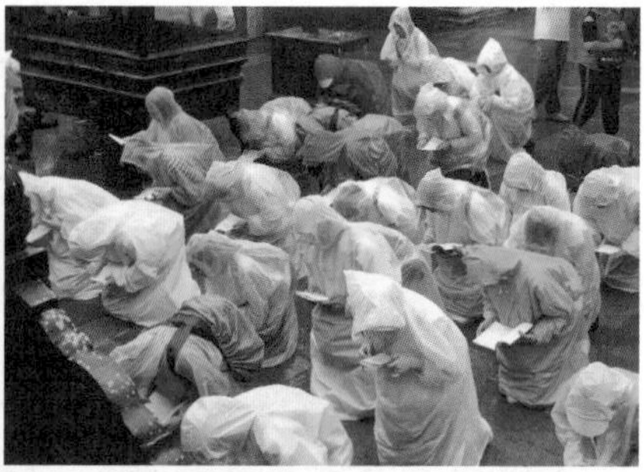

▲大家誠心祈求與懺悔

▲五百羅漢塔進行懺悔除障，唸自己的懺悔文

▲跪拜懺悔

▲跪拜祈求

▲真心誠意，心無罣礙

▲只有一心一念

▲入解脫門

▲南無觀世音菩薩

▲隔海遠望洛迦山

法雨寺

▲法雨寺合照

▲菩薩

▲早課普佛

▲跪拜加持觀音心咒平安琉璃

▲跪拜稟報大家所寫的祈願卡

佛

佛

▲大敬普佛

賜福轉運

法事普佛

加持

佛頂山

南海觀世音菩薩

普濟寺

圓通禪院

普濟禪寺

圓通寶殿

悲運同體

紫竹林禪院

補怛紫竹林

補怛紫竹林

不肯去觀音院

不肯去觀音院
趙樸初

南無多寶如來
南無寶勝如來

不肯去觀音院

用手機掃 QR code

跟菩薩說嗨

紫竹林禪院

不肯去觀音院

{好書推薦。}

智在心靈 058

與菩薩對話6
願心願行

暢銷作家　黃子容 著

一個人有願，就有了心，

有了心，就有了行，

只要有願心願行，

面對什麼困難都不怕了。

面對未來，你有菩薩陪著，

喜怒哀樂，都是安心的、平靜的，

因為你知道，菩薩與你同在。

{好書推薦。}

智在心靈 055

菩薩心語3

暢銷作家　黃子容 著

勇敢不是不害怕不恐懼，
而是心中雖然害怕恐懼，
仍會繼續勇敢向前。
你有多勇敢，就有多幸福。
帶著愛，堅強勇敢的向前行。
人生總有些困難，但只要你願意，
拿出勇氣與愛，必定能夠突破難關。
善的循環，有一天會回到你的身上來。
擁有滿滿的愛與能量，
一點也不害怕前方的困境，
相信這份堅定與勇敢，
可以帶給你更多的幸運。

{好書推薦。}

智在心靈 056

念轉運就轉21
一切都會過去的

暢銷作家　黃子容 著

人生中，
不管心痛、煎熬、開心或快樂，
人生中的酸甜苦辣都在那個當下，
所有的痛苦都會結束，
所有的難關都會過去，
堅定你的心念，
一切都會過去的。

{好書推薦。}

智在心靈 057

菩薩心語4
菩薩慈眼視衆生

暢銷作家　黃子容 著

有的時候，我們什麼都看不見，
但因為我相信，所以我們前進了，
往未來的路上前進了。

不是因為看見了幸福才堅持，
而是因為堅持了，
才看見了我想要的幸福與美好。

國家圖書館出版品預行編目資料

海天佛國普陀山：觀音心，人間修行 / 黃子容著.
-- 初版. -- 新北市：光采文化, 2019. 08
面； 公分. -- (智在心靈； 59-60)
ISBN 978-986-96944-5-2(上冊 ： 平裝). --
ISBN 978-986-96944-6-9(下冊 ： 平裝)
1. 人生哲學 2. 修身
191.9 108013042

智在心靈 060
海天佛國普陀山～觀音心，人間修行（下）

作　　者　黃子容
主　　編　林姿蓉
封面設計　顏鵬峻
美術編輯　陳鶴心
校　　對　黃子容、林姿蓉
出 版 者　光采文化出版事業有限公司
新北市永和區中正路454巷6-1號1樓
電話：(02) 2926-2352
傳真：(02) 2940-3257
http://www.loveclass520.com.tw
法律顧問　鷹騰聯合法律事務所　林鈺雄律師
製版印刷　皇輝彩藝印刷事業有限公司

2019年08月初版

總經銷：大和書報圖書股份有限公司
地　址：新北市新莊區五工五路二號
電　話：(02) 8990-2588
傳　真：(02) 2290-1658

定價 320 元
ISBN 978-986-96944-6-9
Printed in Taiwan